Daniel Kohlhaas

DEUTSCH-KRIMI

Spannende Fälle lösen und Deutsch lernen

Klasse 7/8

Cornelsen

Der Autor:

Daniel Kohlhaas arbeitet als Oberstudienrat am Engelbert-von-Berg-Gymnasium in Wipperfürth in Nordrhein-Westfalen. Darüber hinaus schreibt er seit Jahren Thriller und spannende Kurzgeschichten.

Daniel Kohlhaas ist auch im Internet mit einer eigenen Homepage zu finden.

Projektleitung: Juliane Maaß, Berlin
Redaktion: Louisa Pabst-Orzechowski, Glienicke/Nordbahn
Umschlaggestaltung: Corinna Babylon, Berlin
Umschlagillustrationen: shutterstock/Sonya illustration (Fingerabdruck); shutterstock/Tobias Steinert (Hintergrund)
Innenteil: shutterstock/Sonya illustration (Fingerabdruck und Lupe); shutterstock/Tobias Steinert (Hintergrund)
Illustrationen: Dorina Tessmann
Layout/technische Umsetzung: krauß-verlagsservice, Ederheim/Hürnheim

www.cornelsen.de

1. Auflage, 3. Druck 2022

Druck: H. Heenemann, Berlin

ISBN 978-3-589-16621-3

PEFC
PEFC/04-31-1156

PEFC zertifiziert
Dieses Produkt stammt aus nachhaltig bewirtschafteten Wäldern und kontrollierten Quellen.

www.pefc.de

HINWEISE ZUR NUTZUNG DES BUCHES – HINWEISE ZUR NUTZUNG DES BUCHES

Kennst du das Spiel „Wahrheit oder Pflicht“? Was, wenn du gezwungen bist, es zu spielen, obwohl du es gar nicht willst? Was, wenn du die Pflicht nicht erfüllst und dein peinlichstes Foto veröffentlicht wird? Die einzige Möglichkeit das zu verhindern? Löse das Rätsel!

Was hat das mit Grammatik zu tun? Auf den ersten Blick nicht wirklich viel. Doch dieses Arbeitsheft kann mehr. Es erzählt spannende Kurzgeschichten und fordert dich auf unterschiedliche Weise heraus, den Täter zu überführen, der entscheidende Zeuge zu sein oder ein kniffliges Rätsel zu lösen.

Das Gute daran: Neben den Geschichten bieten die Kopiervorlagen Aufgaben zu wichtigen Grammatikthemen der Klassenstufen 7 und 8. Ob innerhalb der Klasse, bei der Nachhilfe oder ganz allein zu Hause. Es ist überall einsetzbar, macht Spaß und ist lehrreich.

Kannst du eine Aufgabe nicht lösen, findest du am Ende des Arbeitsheftes Tipps von Informanten, die dich schrittweise der Lösung näherbringen, selbst wenn du das eigentliche Thema noch nicht im Unterricht lernen musstest.

Und jetzt verschwende keine Zeit, mach dich an die Arbeit und löse die folgenden Rätsel.

FARBENSPIEL

„Ich habe ein kleines Rätsel für euch."

Der Entführer geht langsam an Can, Marcel und Edwin vorbei, die gefesselt und geknebelt in dem Kellerraum sitzen. Die Arme schmerzhaft hinter dem eigenen Rücken verknotet, fühlen sie ihre Gelenke kaum mehr. Trotz der eisigen Temperaturen schwitzen sie vor Angst. Seit drei Tagen sitzen sie fest. Seit drei Tagen wissen sie nicht warum. Can ächzt kurz, als der Entführer ihm väterlich auf die Schulter klopft.

„Man sagte mir, ihr seid intelligent. Aber ehrlich gesagt, glaube ich nicht, dass ihr mein Rätsel lösen werdet. Solltet ihr es doch können, verspreche ich euch die Freiheit."

Gemächlich tritt er an einen Schrank, öffnet ihn und zieht ein schwarzes und drei weiße Tücher daraus hervor. Aufreizend lächelnd umkreist er Can und plötzlich spürt dieser, wie ihm der Entführer eines der Tücher um den linken Unterarm bindet. Er zieht den Knoten so fest zu, dass Can aufstöhnt.

„Nur, wenn ihr das Rätsel löst, lasse ich euch frei. Nur, wenn mir einer von euch die Farbe seines Tuches nennen kann, löse ich eure Fesseln."

Während er spricht, tätschelt er Marcels Kopf und nur kurze Zeit später fühlt dieser, wie ein Tuch um seinen linken Unterarm gebunden wird. Marcels Blick fällt auf Cans Tuch. Der Entführer hat bei ihm eines der weißen Tücher benutzt.

„Um euch zu zeigen, dass ich kein schlechter Mensch bin, dürft ihr sehen, welche Farbe eure Freunde tragen, nicht jedoch eure eigene."

Er lacht zynisch auf, tritt an Edwin heran, der auch bei Marcel ein weißes Tuch sehen kann, und knotet auch ihm fest eines der Tücher um den linken Unterarm.

„Die Regeln sind denkbar einfach: Ihr dürft keine falschen Angaben machen, aber es muss mindestens eine richtige Antwort dabei sein. Während ihr antwortet, dürft ihr keinen Kontakt zu euren Freunden haben. Kein Wort! Sonst ist das Spiel sofort aus und ich glaube nicht, dass ihr die Folgen, die euch dann erwarten, wirklich erleben wollt." Er gibt seinen Kollegen ein Zeichen, um Can den Knebel zu entfernen. Währenddessen verstaut der Entführer die übrigen Tücher wieder im Schrank.

„Sag mir! Welche Farbe hat dein Tuch?"

„Ich weiß es nicht", antwortet Can.

Auf ein Zeichen wird er sofort wieder geknebelt und Marcels Klebeband mit einem Ruck vom Mund entfernt.

„Sag mir! Welche Farbe hat dein Tuch?", stellt der Entführer ihm dieselbe Frage.

Auch er antwortet, dass er es nicht wisse.

Nachdem auch Marcel wieder geknebelt wurde, liegt nun alles an Edwin. Freiheit oder Tod? Er schluckt, als ihm der Knebel vom Mund gerissen wird. Nervös leckt er sich über die Lippen. Can und Marcel sehen seine Tuchfarbe, so wie er die Farben der beiden anderen.

„Sag mir! Welche Farbe hat dein Tuch?"

Fieberhaft überlegt Edwin, was er sagen soll. Alles liegt an ihm. Er darf nicht scheitern.

„Sag schon! Ich lasse dir nicht ewig Zeit", mahnt der Entführer.

Noch einmal blickt Edwin auf die Tücher seiner beiden Freunde und mit einem Mal fällt ihm die Lösung ein.

„Weiß!", platzt es aus ihm heraus.

Kohlhaas · Deutsch-Krimi 7/8 | 978-4-589-16621-3 | Illustration Lupe: shutterstock/Sonya illustration; Hintergrund: shutterstock/Tobias Steinert

FARBENSPIEL – DEM RÄTSEL AUF DER SPUR

1 Edwin weiß die Lösung

Zum Glück fällt Edwin am Ende die Lösung des schwierigen Rätsels ein. Weißt du, wie er darauf gekommen ist? Trage deine Antwort hier ein:

____

____

2 Edwin erkennt die Farben

Die Farben, die seine Freunde an ihren Unterarmen tragen, helfen Edwin dabei, auf die richtige Antwort zu kommen. Kommst du ebenso auf die richtigen Antworten? Dann setze die Wörter aus dem Kasten so ein, dass daraus sinnvolle Aktivsätze werden:

die Freunde • tätschelt • ein • holt • stöhnt • Kopf • den Kollegen • fällt

a. Der Entführer ____________ die Tücher aus dem Schrank.

b. ____________ schwitzen vor Angst in der Kälte.

c. Can ____________ kurz vor Schmerz auf.

d. Der Entführer gibt ____________ ein Zeichen.

e. Der Entführer ____________ Marcels ____________.

f. Edwin ____________ die Lösung ____________.

3 Den Freunden wird ein Tuch um den Unterarm gebunden

Nur durch den Blick auf die Tücher seiner Freunde kann Edwin das Rätsel lösen. Kannst du die folgenden Sätze so ergänzen, dass sie sinnvolle Passivsätze ergeben? Suche das passende Verb aus dem Kasten, bilde das Partizip II und ergänze es mit der richtigen Form von „werden“.

tätscheln • knebeln • klopfen • festhalten • fragen

a. Can ____________ von dem Entführer auf die Schulter ____________.

b. Marcel ____________ der Kopf ____________.

c. Die drei Freunde ____________ im Keller ____________.

d. Nach seiner Antwort ____________ Can sofort wieder ____________.

e. Edwin ____________ nach der Lösung ____________.

Kohlhaas • Deutsch-Krimi 7/8 | 978-4-589-16621-3 | Illustration Lupe: shutterstock/Sonya illustration; Hintergrund: shutterstock/Tobias Steinert

(4) Nur Edwin kann seine Freunde retten

Die Freunde sind den Entführern hilflos ausgeliefert. Sie sind zur Passivität verdammt, können nichts tun. Aber dann ergibt sich die Chance, alle zu befreien, indem sie das Rätsel des Entführers lösen. Werde auch du nun aktiv und ändere die Passivsätze in Aktivsätze:

a. Die drei Freunde wurden von den Entführern entführt.

____

b. Can und seine Freunde werden von den Tätern in einem Kellerraum festgehalten.

____

c. Die Lösung wird Edwin hoffentlich früh genug einfallen.

____

d. Edwin wird durch den Entführer ermahnt, sich nicht ewig Zeit zu lassen.

____

e. Sofort werden die Freunde durch die Täter wieder geknebelt.

____

f. Die Tücher werden vom Entführer aus der Schublade geholt.

____

(5) Edwin bleibt nur wenig Zeit

Am Ende bleibt Edwin nur wenig Zeit, um dem Entführer die richtige Farbe seines Tuchs zu nennen. Erkennst du, ob folgende Sätze aktiv oder passiv sind? Kreuze an und schreibe auf, um welche Zeitform es sich handelt:

a. Can schwitzt, obwohl es in dem Kellerraumkalt ist. ◯ Aktiv ◯ Passiv

Zeitform: ______________________

b. Die drei Freunde werden bald freigelassen werden. ◯ Aktiv ◯ Passiv

Zeitform: ______________________

c. Von wem sind die drei Freunde entführt worden? ◯ Aktiv ◯ Passiv

Zeitform: ______________________

d. Wie wird Edwin auf die Lösung kommen? ◯ Aktiv ◯ Passiv

Zeitform: ______________________

Kohlhaas · Deutsch-Krimi 7/8 | 978-4-589-16621-3 | Illustration Lupe: shutterstock/Sonya illustration; Hintergrund: shutterstock/Tobias Steinert

6 Der Entführer hält sein Versprechen

Nachdem Edwin die richtige Lösung genannt hat, werden die drei Freunde freigelassen. Ergänze die Verben so, wie es die Zeichnungen zeigen.

a. Die Freunde werden von den Entführern ______________________________.

b. Can, Marcel und Edwin werden die Augen ______________________________.

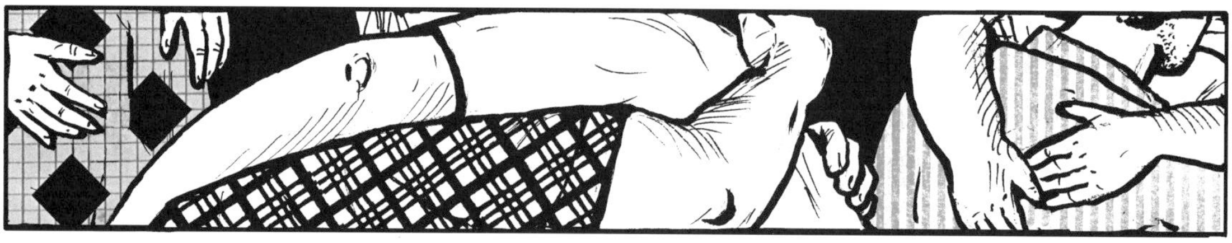

c. Die Freunde werden von ihrer Familie ______________________________.

d. Die Freunde werden ______________________________.

e. Die Entführer werden von der Polizei ______________________________.

Kohlhaas · Deutsch-Krimi 7/8 | 978-4-589-16621-3 | Illustration Lupe: shutterstock/Sonya illustration; Hintergrund: shutterstock/Tobias Steinert; Illustrationen: Dorina Tessmann

AUSGERAUBT

„Ich bin fix und fertig!", seufzte Aljoscha Richter und ließ sich in seinen Sessel plumpsen. Kommissar Hütter stand derweil am Fenster und blinzelte in die Sonne.

„Wo waren Sie eigentlich?", fragte er.

„Wie meinen Sie das?" Aljoscha Richter nahm seine Brille ab und begann sie zu putzen.

„Wo waren Sie auf Geschäftsreise? Und wie lange?" Hütter holte ein Notizbuch aus seiner Manteltasche.

„Oh, ich war in London – eine tolle Stadt. Leider ist der Deal nicht zustande gekommen, aber alleine das Flair dieser Metropole ist überwältigend. Ich bin letzten Freitag, dem 26. April, nach London geflogen. Das entscheidende Meeting fand am Dienstag, dem 30., statt. Gestern, an diesem schrecklichen Tag, bin ich dann wieder zurückgekommen."

„Wann genau sind Sie zurückgekehrt?", fragte Hütter.

„Das wird so gegen 10 Uhr gewesen sein. Ich habe die Koffer von Nicklas nach oben bringen lassen, mich geduscht und anschließend zu Mittag gegessen. Am Nachmittag habe ich mir ein Stück Kuchen gegönnt. Ich muss eingeschlafen sein und plötzlich wurde ich bedroht, geknebelt und gefesselt. Der Täter wusste genau, was es hier wo zu holen gab!"

„Interessant." Hütter notierte sich etwas. „Wer war zu dieser Zeit noch im Haus?"

„Das ist es ja", antwortete Herr Richter. „Niemand."

„Sie waren ganz alleine?"

„Zumindest im Haus. Herr Burgmer, mein Gärtner, hat draußen den Rasen gemäht. Ich habe ihn, als ich mit dem Stück Kuchen in der Hand ins Wohnzimmer ging, oben am Hang sehen können." Herr Richter zeigte mit dem Finger in Richtung Fenster. Kommissar Hütter erkannte den Hügel. Das Grundstück besaß eine immense Größe.

Kohlhaas · Deutsch-Krimi 7/8 | 978-4-589-16621-3 | Illustration Lupe: shutterstock/Sonya illustration; Hintergrund: shutterstock/Tobias Steinert; Illustration: Dorina Tessmann

„Und Ihre Frau?"

„Katharina? Sie war in der Stadt. Sie trifft sich jeden Mittwoch mit ihren Freundinnen zum Kaffeetrinken im Platz 19. So auch gestern." Richter hob entschuldigend die Schultern.

„Sie erwähnten eben einen Nicklas?", fragte Hütter.

„Ja, meinen persönlichen Assistenten, Nicklas Feldhoff. Er ist wirklich sehr engagierter junger Mann und hilft mir, wo er kann."

„Wo befand er sich?"

„Herr Kommissar!", mahnte Aljoscha Richter.

„Herr Richter, bei einer Vielzahl von Verbrechen sind die Täter im direkten Umfeld des Geschädigten zu ermitteln. Ob Sie es Herrn Feldhoff zutrauen oder nicht, steht auf einem anderen Blatt."

„Ich vertraue Herrn Feldhoff zu einhundert Prozent. Er hat sich die letzten Jahre wirklich mit vollem Einsatz bewährt."

„Herr Richter! Es geht, wie gesagt, nicht darum, ob Sie es Ihrem Assistenten zutrauen. Ich möchte nur, um vollständige Angaben zu haben, wissen, wo er sich zur Tatzeit aufgehalten hat", merkte Hütter nachdrücklich an.

Aljoscha Richter atmete tief ein.

„Er war einkaufen. Ich weiß, das mag kein wirklich gutes Alibi sein, aber ich weiß einfach, was ich an Herrn Feldhoff habe."

„Er war einkaufen?", wiederholte Hütter.

„Ja, wie ich es Ihnen sage!"

„Gestern?" Hütter hob eine Augenbraue.

„Herr Kommissar, ich denke, Sie haben mich ganz genau verstanden. Herr Feldhoff war gestern, während ich überfallen wurde, einkaufen."

„Wo ist Herr Feldhoff jetzt?"

„In der Küche, soweit ich weiß. Warum fragen Sie?"

„Weil ich Herrn Feldhoff jetzt verhaften werde. Ihre Rolle in diesem Fall klären wir danach." Hütter griff nach den Handschellen und gab seinem Kollegen einen Hinweis, dass dieser bleiben solle.

„Aber ...", protestierte Richter.

„Ich bitte Sie! Verkaufen Sie mich nicht für dumm. Sollten ihre Angaben, die Sie getätigt haben, stimmen, war Ihr Assistent gestern zur Tatzeit nicht einkaufen. Da bin ich mir sicher. Mein Bauchgefühl sagt mir aber auch, dass sie nicht ganz ehrlich gewesen sind. Aber dazu später mehr."

Hütter ließ den verdutzten Richter zurück und machte sich auf den Weg in die Küche.

Kohlhaas · Deutsch-Krimi 7/8 | 978-3-589-16621-3 | Illustration Lupe: shutterstock/Sonya illustration; Hintergrund: shutterstock/Tobias Steinert

AUSGERAUBT – DEM RÄTSEL AUF DER SPUR

1 Ein entscheidendes Detail

Kommissar Hütter ist sich plötzlich sicher, dass der Assistent von Herrn Richter für den Überfall verantwortlich gemacht werden kann. Wie ist er auf diesen Verdacht gekommen?

____

____

2 Kommissar Hütter versucht auf die Details zu achten

Im Gespräch mit Herrn Richter betont der Kommissar wiederholt, dass jedes Detail von Bedeutung sein kann. In den folgenden Sätzen fehlen ebensolche kleinen Details, nämlich die Satzzeichen. Ergänze sie.

a. Ich habe ein Stück Kuchen gegessen während Nicklas die Koffer nach oben brachte.

b. Ich befand mich im Haus Ansonsten war keiner weiter da.

c. Herr Burgmer mäht den Rasen obwohl es draußen recht kalt ist.

d. Als ich aufwachte wurde ich bedroht.

e. Sobald wir Herrn Feldhoff gefunden haben nehme ich ihn fest.

3 Kommissar Hütter vernimmt Herrn Richter

Auf der Suche nach dem Verdächtigen vernimmt der Kommissar das vermeintliche Opfer. Am Ende kommen ihm sogar Zweifel, ob die Angaben von Herrn Richter der Wahrheit entsprechen. Untersuche die Gedanken des Kommissars und verbinde die unterstrichenen Nebensätze mit ihrer Funktion.

a. Kommissar Hütter fragt sich, <u>ob Herr Richter die Wahheit sagt.</u>

b. <u>Bevor der Kommissar sich festlegte,</u> hatte er sich alles Wichtige notiert.

c. Der Hügel, <u>den Herr Richter beschrieb,</u> wurde von Kommissar Hütter draußen entdeckt.

d. Kommissar Hütter fragt sich, <u>wie lange sich Herr Richter auf Geschäftsreise befunden hat.</u>

e. Hütter wusste schnell, <u>dass Herr Richter nicht ganz ehrlich zu ihm gewesen war.</u>

- 1 Relativsatz
- 2 indirekter Fragesatz
- 3 Konjunktionalsatz

Kohlhaas · Deutsch-Krimi 7/8 | 978-4-589-16621-3 | Illustration Lupe: shutterstock/Sonya illustration; Hintergrund: shutterstock/Tobias Steinert

(4) Wer war wo und wann?

Kommissar Hütter muss genau nachvollziehen, wer sich wann und wo aufgehalten hat, um das Verbrechen aufklären zu können. Um Ordnung in seine Aufzeichnungen zu bringen, hilf ihm die richtigen Kommas zu setzen.

a. Herr Burgmer der Gärtner kommt immer montags mittwochs und samstags.

b. Katharina trifft sich mittwochs immer mit ihren Freundinnen donnerstags besucht sie ihren Zumba-Kurs und samstags geht sie in die Sauna.

c. Nicklas Feldhoff arbeitet montags von 8 bis 18 Uhr dienstags von 8 bis 20 Uhr und an allen anderen Tagen von 8 bis 16 Uhr.

d. Herr Richters Dienstreise startete am 26. April das letzte Meeting fand am 30. April statt und gestern kehrte er zurück.

(5) Welche Rolle spielt Herr Feldhoff

Auf dem Revier befragt Kommissar Hütter den Angestellten Herrn Feldhoff. Dabei kommt es auf jede Kleinigkeit an. Am Ende schreibt der Kommissar das Gespräch noch einmal ab, um es in die Akte legen zu können. Nach einem langen Tag hat er aber die Zeichen vergessen und dazu noch alles klein geschrieben. Berichtige seinen Text.

a. herr feldhoff meint ich habe mit der sache nichts zu tun
b. ich frage wo waren sie denn zu der zeit als der überfall auf herrn richter passierte
c. herr feldhoff antwortet ich war nicht im haus
d. das glaube ich ihnen nicht entgegne ich ihm direkt
e. ich weiß nicht was ich sagen soll meint herr feldhoff ich glaube ich möchte meinen anwalt sprechen

Kohlhaas · Deutsch-Krimi 7/8 | 978-3-589-16621-3 | Illustration Lupe: shutterstock/Sonya illustration; Hintergrund: shutterstock/Tobias Steinert

ZICKENKRIEG

„Celine, ich habe dir schon tausendmal gesagt, dass du mich fragen sollst, bevor du dir Sachen von mir nimmst!"

„Und ich habe dir gesagt, du sollst anklopfen, bevor du einfach so in mein Zimmer stürmst!", entgegnete Celine.

Sie hasste es, wenn Cheyenne, ihre große Schwester, sich so aufspielte, als sei sie Gott persönlich. Und ganz ehrlich, welche von ihren Sachen waren für sie schon interessant?

„Cheyenne, ich brauche dich nicht zu fragen, weil ich nichts von dir genommen habe", antworte Celine trotzig.

„Und wo sind dann bitte meine neuen Ohrringe?"

„Keine Ahnung, wo die hässlichen Teile sein sollen!"

„Du bist so kacke!" Cheyenne stürmte aus dem Zimmer und knallte die Tür hinter sich zu. Celine blieb irritiert zurück, schüttelte nur den Kopf und wandte sich wieder ihren Nägeln zu. Gleichzeitig startete sie auf ihrem Smartphone eine ihrer geliebten Tierdokus auf Flitnex.

Wenig später hörte sie es an der Tür klingeln. *Bitte nicht … oh doch: Alex.* Celine hasste den Typen. Aber ihre Schwester fuhr nun einmal voll auf ihn ab.

Sie musste mitanhören, wie Cheyenne sich aufführte wie eine verliebte Gans. Sie stolzierte die Stufen nach unten, flötete ihrem Gast ein zartes *Hallo* entgegen und nahm ihn anschließend laut plappernd mit in ihr Zimmer. Der Typ selbst war die Hohlbirne vor dem Herrn. Alle aus der Schule kannten die Geschichten über den verwöhnten Alex. Alex fuhr bereits Auto und besaß den neusten Mist. Es gab nichts, was er nicht hatte. Celine ertappte sich dabei, wie sie sich über den Typen aufregte und sich derweil einen ihrer Nägel versaut hatte. *Alter.*

Sie rollte sich von ihrem Bett hoch, trat in den Flur und suchte das Badezimmer auf. Sie kramte nach den Wattepads und dem Nagellackentferner, als es plötzlich an der Tür klopfte.

„Besetzt!", rief sie.

Endlich hatte Celine alles beisammen, schloss die Tür von innen auf und stieß fast mit Alex zusammen.

„Oh, tut mir leid", meinte er und lächelte. „Ich wusste gar nicht, dass Cheyenne so eine süße Schwester hat. Kein Wunder, dass sie mir dich noch nicht vorgestellt hat."

Celine fühlte, dass sie errötete. Der Spruch war echt lahm, aber dieses Lächeln …

Sie drängte sich an ihm vorbei, spürte seinen Blick in ihrem Rücken und stahl sich zurück in ihr Zimmer.

„Sag mal, hast du sie noch alle?"

Celine saß an ihrem Schminktisch und blitzte ihre Schwester an, die erneut in ihrem Zimmer stand.

„Was habe ich denn jetzt schon wieder gemacht?"

„Meine Sachen reichen dir wohl nicht. Jetzt machst du dich auch noch an meinen Freund ran!" Celine traute ihren Ohren nicht.

„Was redest du denn da? Alex? Den kannst du mir nackt auf den Bauch binden und …"

Doch bevor sie den Satz zu Ende sprechen konnte, klatschte ihr Cheyennes Hand ins Gesicht. Das tat weh! Völlig entgeistert stand sie auf und wusste nicht, was sie sagen sollte, als plötzlich ihre Mutter hinter ihnen auftauchte.

„Was ist denn hier los?", fragte die entsetzt. „Hast du deine Schwester etwa geschlagen?"

Kohlhaas · Deutsch-Krimi 7/8 | 978-3-589-16621-3 | Illustration Lupe: shutterstock/Sonya illustration; Hintergrund: shutterstock/Tobias Steinert

„Sie hat Alex in ihr Zimmer gelockt und kurz darauf hat er mit mir Schluss gemacht!"

Celine verstand die Welt nicht mehr. „Ich habe was?"

„Ruhe! Und zwar beide! Cheyenne, was du da behauptest, ist eine starke Anschuldigung!"

„Alex war bei mir und es war alles wie immer. Irgendwann meinte er, er müsse zur Toilette. Ich habe mich nach einiger Zeit gewundert, wo er bleibt, und als ich nach ihm sehen wollte, sah ich, wie er aus Celines Zimmer kam."

„Alex war nicht bei mir!", wehrte sie sich. „Ich musste ins Bad, um Pads und Entferner zu holen. Während ich danach gesucht habe, hat Alex an die Tür geklopft und draußen gewartet, bis ich rausgekommen bin. Er hat mir irgendeinen doofen Spruch gedrückt und ich bin zurück in mein Zimmer. Er war nicht bei mir drin! Das schwöre ich!"

„Das ist doch Schwachsinn!", schrie Cheyenne und rannte heulend in ihr Zimmer.

„Ehrlich, Mama! Ich lüge nicht!"

„Euer Zickenkrieg geht mir gewaltig auf die Nerven! Was auch immer passiert ist, klärt das und zwar noch heute. Ich gehe jetzt nach unten und warte auf euch."

„Mama!"

„Keine Widerrede! Warte hier einen Moment und dann gehst du zu ihr und klärst das. Ok?" Celine nickte.

Als ihre Mutter die Tür schloss, schmiss sich Celine auf ihr Bett und schrie in ihr Kissen. Das konnte doch alles nicht wahr sein. Sie musste sich beruhigen und zwar dringend. Was gab es da besseres als ein paar nette Tiervideos. Sie hob Decke und Kissen an, um ihr Smartphone zu finden. Es hatte doch hier gelegen, bevor sie ins Bad gegangen war. Sie suchte und suchte.

Plötzlich dämmerte ihr, was geschehen war. „Cheyenne!", rief sie, riss die Tür auf und eilte in den Flur.

Kohlhaas · Deutsch-Krimi 7/8 | 978-4-589-16621-3 | Illustration Fingerabdruck und Lupe: shutterstock/Sonya illustration; Hintergrund: shutterstock/Tobias Steinert

ZICKENKRIEG – DEM RÄTSEL AUF DER SPUR

1 Der Verdacht

Celine glaubt zu wissen, was passiert ist. Sie stürmt zu Cheyenne, um ihr von ihrem Verdacht zu berichten. Was denkst du, was Celine Cheyenne erzählen will?

___

___

___

___

2 Wo war Alex?

a. Cheyenne und Celine gehen noch einmal zusammen durch, was genau geschehen ist. Dabei müssen sie auf jede Kleinigkeit achten. Kreise die Worte ein, die richtig geschrieben sind. (Achtung: Damit es nicht zu leicht wird, sind alle Wörter zusammengeschrieben!).

vorbeidrängen • auftauchen • mitanhören • zuknallen • aufspielen • rauskommen • aufreißen • schlussmachen • strengfragen • zuendesprechen • autofahren • ranmachen

Erkläre im zweiten Schritt, warum die Wörter, die du nicht eingekreist hast, falsch geschrieben sind:

___

___

___

b. Kreise nun die Worte ein, die eigentlich zusammengeschrieben werden. (Achtung: Dieses Mal sind alle Wörter getrenntgeschrieben!).

frei gesprochen • fern gesehen • zunichte gemacht • kleiner schneiden • auf gegangen • wett machen • zu nichts geführt • aus gezogen • kalt gestellt

Erkläre im zweiten Schritt, warum die Wörter, die du eingekreist hast, falsch geschrieben sind:

___

___

___

Kohlhaas • Deutsch-Krimi 7/8 | 978-3-589-16621-3 | Illustration Lupe: shutterstock/Sonya illustration; Hintergrund: shutterstock/Tobias Steinert

③ Celine will Alex eine Falle stellen

Cheyenne soll Alex noch einmal um ein Gespräch bitten, damit sie sich versöhnen können. Celine will die Gelegenheit nutzen, um Alex zu überführen. Vervollständige die Sätze, indem du die Wortverbindungen richtig schreibst.

a. Cheyenne darf Celines Plan nicht ______________________ (PREIS + GEBEN).

b. Alex kann den Anschuldigungen nicht ______________________ (STAND + HALTEN).

c. Celine will in Alex' Auto ______________________ (EIN + STEIGEN).

d. Cheyenne muss Celine am Ende ______________________ (ZURÜCK + HALTEN).

e. Alex muss am Ende seine Schuld ______________________ (EIN + RÄUMEN).

f. Cheyenne muss nach Alex' Aussage erst einmal ______________________ (LUFT + HOLEN).

④ Celines Falle schnappt zu

Am Ende ist Alex als Täter überführt und muss alle gestohlenen Gegenstände an ihre Besitzer zurückgeben. Dabei fällt es ihm schwer sich zu erinnern, wem welche Sachen gehören.
Jetzt testen wir dein Erinnerungsvermögen: Nimm dir ein Blatt zur Hand und lege das Arbeitsheft mit folgendem Text an einen Ort, wo du es nicht sehen kannst. Du darfst höchstens fünf Mal dorthin gehen. Versuche dir möglichst viel zu merken und schreibe den Text auf.

Alle Freunde von Alex sind entsetzt. Niemand hätte ihm zugetraut, dass er alle, die ihm vertrauten, derart hintergehen würde. Er muss sich bei allen entschuldigen und die gestohlenen Sachen natürlich zurückgeben. Dabei stellt sich heraus, dass er einige wertvolle Gegenstände im Internet verkauft hat.
Das Geld hat er natürlich ausgegeben, um seine teuren Hobbys zu finanzieren.
Alex ist das alles furchtbar peinlich, seine Eltern sind schwer enttäuscht und einige überlegen sogar, ihn bei der Polizei anzuzeigen.
Alex übernimmt schließlich selbst die Initiative und bittet den Direktor der Schule am nächsten Morgen eine öffentliche Durchsage machen zu dürfen, in der sich entschuldigt und verspricht, den entstandenen Schaden wiedergutzumachen. Er hofft, dass man ihm auf diese Weise seine Fehler vergeben wird.
Wenig später versammeln sich seine Freunde in der Pausenhalle der Schule, empfangen Alex und teilen ihm mit, dass sie ihm trotz der Enttäuschung vergeben werden.
Allen ist jedoch klar, dass das Alex' letzte Chance ist.

Kohlhaas · Deutsch-Krimi 7/8 | 978-3-589-16621-3 | Illustration Lupe: shutterstock/Sonya illustration; Hintergrund: shutterstock/Tobias Steinert

WAHRHEIT ODER PFLICHT?

Hanna lag in ihrem Bett und träumte von Schokolade. Immer wenn sie abends beim Sport gewesen war, drängte sich die Süßigkeit in der folgenden Nacht in ihre Gedanken:

Sie saß auf einem Stuhl vor einer duftenden Schokoladentorte. Sie nahm das erste Stück, führte es an ihren Mund, als es plötzlich vibrierte. Irritiert legte sie es zurück auf ihren Teller, doch es hörte nicht auf. Langsam bewegte sich das Stück über das Porzellan und brummte. Noch bevor Hanna ein weiteres Tortenstück greifen konnte, begann die gesamte Torte zu vibrieren. Stück für Stück rutschte die Schokoladentorte von dem großen Servierteller und klatschte auf den Fußboden. Hanna schlug die Hände über dem Kopf zusammen. *Der Kuchen! Der schöne Kuchen!* Dann wachte sie auf.

Sie brauchte einen Moment, bis sie die Orientierung zurückerlangt hatte und um zu begreifen, dass sie nicht mehr träumte, sondern ihr Smartphone auf ihrem Nachttisch dieses Geräusch verursachte. Sie knipste die kleine Lampe neben ihrem Bett an. Der Wecker zeigte vier Uhr in der Nacht an. *Was zur Hölle …*

Sie tastete mit zusammengekniffenen Augen nach dem Gerät, löschte das Licht und entsperrte den Bildschirm. Ihr Messanger zeigte den Eingang zahlreicher Nachrichten an. Allesamt in der Klassengruppe ihrer Schule. Es dauerte ein wenig, bis Hanna so weit nach oben gescrollt hatte, um den Ursprung für die zahlreichen staunenden Emojis und Ausrücke von Ungläubigkeit zu erkennen. Doch, was sie in der Gruppe las, verschlug ihr den Atem.

Die Nachricht stammte von ihr selbst. Verfasst vor knapp einer halben Stunde. Hanna verstand die Welt nicht mehr. Sie hatte doch hier in ihrem Bett gelegen und geschlafen?! Wie sollte sie da eine Mitteilung in die Gruppe geschrieben haben? Doch viel schlimmer war der Inhalt der Nachricht:

> **Wahrheit oder Pflicht? Ich wähle die Pflicht. Sollte ich das folgende Rätsel nicht innerhalb der nächsten 45 min. lösen, lade ich mein peinlichstes Bild in diese Gruppe hoch und werde es eine ganze Woche als Profilbild verwenden. Seid ihr auch bereit? Denn wenn ich es nicht schaffe, ist ein anderer aus dieser Gruppe dran.**

Kurz nach ihrem Beitrag stand die erste Antwort auf ihrem Bildschirm. Die Nummer des Absenders gehörte zu niemandem aus ihrer Gruppe. Vielmehr stand dort gar keine Nummer, sondern der Name *Wahrheit oder Pflicht.*

Aufgeregt las Hanna die Worte:

> **Liebe Hanna, du hast Pflicht gewählt. Du hast 45 min. Zeit, das folgende Rätsel zu lösen. Gelingt es dir nicht, laden wir das peinlichste Bild, das sich in deiner Cloud befindet, hier hoch und setzen es automatisch für eine ganze Woche als Profilbild ein. Welche Zahl passt nicht in die folgende Reihe: 90, 42, 15, 27, 38, 63? Du hast 45 min. Zeit. Schreibe die Lösung als Antwort in die Gruppe. Ist die Lösung falsch, wählt der Zufallsgenerator den nächsten Kandidaten aus der Gruppe aus. Viel Erfolg!**

Kohlhaas · Deutsch-Krimi 7/8 | 978-4-589-16621-3 | Illustration Lupe: shutterstock/Sonya illustration; Hintergrund: shutterstock/Tobias Steinert

Hanna blickte auf die Uhrzeit, wann die Nachricht abgesendet wurde. Ihr blieben nur noch knapp fünfzehn Minuten. Das musste ein Scherz sein. Irgendeiner der Nerds aus ihrer Klasse musste sich diesen Mist einfallen lassen haben, um sie zu erschrecken. Wie sollte jemand an ihre Bilder gelangen? Doch bevor dieser Gedanke sie beruhigen konnte, erhielt sie eine private Nachricht des Absenders *Wahrheit oder Pflicht*.

> **Liebe Hanna, die Nachricht ist kein Fake. Um dir die Echtheit zu beweisen, schicken wir dir jetzt das Foto, das wir aus deiner Cloud ausgewählt haben. Streng dich an! Dir bleibt nicht mehr viel Zeit.**

Wenig später summte ihr Smartphone erneut. Hanna schloss die Augen, biss sich auf die Unterlippe, um ihre Wut zu unterdrücken. *So eine Kacke!*

Sie erinnerte sich gut an das Bild aus dem letztjährigen Sommerurlaub in Kroatien. Da hatte sie diesen Typen gesehen. Damit er sie am nächsten Tag ebenso bemerkte, hatte sie ihren schönsten Bikini rausgesucht, sich geschminkt und ein paar Posen vor dem Spiegel geübt. Als ihr die Sache zu blöd geworden war, hat sie ein paar Selfies von sich geknipst. Dabei auch dieses eine. Auf der Toilette, mit der … sie konnte nicht hinsehen. Sie hatte es doch gelöscht, oder etwa nicht? Wie ein Mahnmal füllt es den Bildschirm.

Die ersten Gruppenmitglieder lechzten nach dem Foto und freuten sich schon insgeheim darauf, Hanna in den nächsten Tagen ordentlich damit zu dissen. *Niemals!* Hier ging es um ihre Ehre.

Nervös wischte sie das Foto zur Seite und konzentrierte sich auf die Zahlenfolge. Ihre Finger zitterten.

Ihr blieb kaum mehr Zeit, nur noch drei Minuten. *Drei Minuten!*

Wie ein Blitz schlug die Lösung in ihrem zermarterten Hirn ein. Rasch tippte sie die gesuchte Zahl in die Gruppe.

> **Liebe Hanna, deine Lösung ist richtig. Damit hast du nicht nur dich vor einer peinlichen Woche gerettet, sondern auch irgendein nächstes Opfer aus deiner Klasse. Ich ziehe weiter. Pass auf dich auf.**

Erleichtert sank Hanna zurück in ihr Bett, blies den Atem aus und legte das Smartphone wieder auf ihren Nachttisch, das weiterhin unentwegt summte – vermutlich die Klassengruppe. Was auch immer sie zu texten hatten, musste jetzt warten. Denn eines hatte sie noch zu erledigen: Im Traum erwartete sie definitiv ein großes Stück Schokolade.

Kohlhaas · Deutsch-Krimi 7/8 | 978-4-589-16621-3 | Illustration Lupe: shutterstock/Sonya illustration; Hintergrund: shutterstock/Tobias Steinert

WAHRHEIT ODER PFLICHT? – DEM RÄTSEL AUF DER SPUR

1 Endlich Schokolade

Zufrieden schläft Hanna ein und darf endlich im Traum ihre Schokoladentorte essen. Aber was ist mir dir? Kannst auch du das Rätsel lösen?

____

____

2 Wahrheit oder Pflicht?

Hanna muss eine Wahl treffen. Jetzt bist du an der Reihe! Ordne die folgenden Adverbien in die Tabelle ein.

später • hier • schneller • wieder • unten • abends • plötzlich • kaum • darum • da • also • draußen • jetzt • innen • ungefähr • lieber • überall • nämlich • daher • irgendwie • gern • stets • deshalb

Lokaladverbien	Temporaladverbien	Modaladverbien	Kausaladverbien

3 Pflicht!

Hanna hat die Pflicht gewählt. So soll es auch für dich sein: Bilde mit je zwei der Adverbien aus jeder Spalte einen Satz.

a. ____

b. ____

c. ____

d. ____

Kohlhaas · Deutsch-Krimi 7/8 | 978-3-589-16621-3 | Illustration Lupe: shutterstock/Sonya illustration; Hintergrund: shutterstock/Tobias Steinert

4 Hanna muss sich schnell entscheiden

Hanna hat nicht mehr viel Zeit, um das Rästel zu lösen. Sie muss eine Entscheidung treffen. Triff du die Entscheidung, zu welcher Gruppe das unterstrichene Adverb gehört. Kreuze an.

a. Um sich konzentriert entscheiden zu können, schließt Hanna kurz die Augen.
◯ Lokaladverb ◯ Temporaladverb ◯ Modaladverb ◯ Kausaladverb

b. Hanna geht immer mittwochs zum Sport.
◯ Lokaladverb ◯ Temporaladverb ◯ Modaladverb ◯ Kausaladverb

c. Hanna isst sehr gern Schokoladentorte.
◯ Lokaladverb ◯ Temporaladverb ◯ Modaladverb ◯ Kausaladverb

d. Hanna kann auf dem Display nichts erkennen. Daher scrollt sie nach oben.
◯ Lokaladverb ◯ Temporaladverb ◯ Modaladverb ◯ Kausaladverb

e. In den letzten Ferien war Hanna in Kroatien. Dort hat sie das peinliche Foto gemacht.
◯ Lokaladverb ◯ Temporaladverb ◯ Modaladverb ◯ Kausaladverb

5 Die Regeln

Die Regeln des Spiels sind unveränderlich. So auch viele der Adverbien. Doch manche sind tatsächlich steigerungsfähig. Setze nun die Grund- oder Steigerungsformen der folgenden Adverbien ein. Verwende jede Form nur ein Mal.

a. viel

Hannas Klassenkamerad André hat das Spiel ____________ Spaß gemacht.

____________ hat er sich auf das peinliche Foto von Hanna gefreut.

Er wünscht sich ____________ solcher Spiele.

b. gern

Hanna träumt ____________ von Schokolade. Von der Schule träumt sich nicht so

____________. Viel ____________ träumt sie von Tieren.

c. schnell

Hanna hat die Frage ____________ von allen Klassenkameraden beantwortet. Auch im

Matheunterricht rechnet sie ____________ im Kopf als ihre Mitschüler. Weil sie immer

alles so ____________ macht, wurde sie vom Zufallsgenerator für dieses Spiel ausgwählt.

Kohlhaas · Deutsch-Krimi 7/8 | 978-3-589-16621-3 | Illustration Lupe: shutterstock/Sonya illustration; Hintergrund: shutterstock/Tobias Steinert

DIE GEGENÜBERSTELLUNG

Der enge Raum roch muffig nach einer Mischung aus abgestandenem Kaffee und Schweiß. Ture stand vor der großen Scheibe und wartete auf den Moment des Wiedersehens. So komisch es auch klang, aber er glaubte, es würde für ihn unheimlich erleichternd sein, wenn er seinen Widersacher endlich noch einmal zu Gesicht bekäme. Der Kommissar räusperte sich. Plötzlich flammte in dem Raum hinter der Scheibe ein Licht auf und tauchte ihn in ein grelles Weiß. Ture kniff kurz die Augen zusammen.

„So, Herr Resing. Mein Kollege führt nun die Verdächtigen herein. Lassen Sie sich Zeit, schauen Sie genau hin. Sie sollten den Täter nur identifizieren, wenn Sie sich zu 100 Prozent sicher sind."

Tures Herz klopfte. Seit nahezu einem Jahr wartete er auf diesen Moment. Er wusste, dass es schwierig werden würde, den Mann wiederzuerkennen. Es war damals dunkel gewesen. Der Typ hatte sich von hinten angeschlichen und auf ihn gestürzt. Doch kurz bevor Ture bewusstlos geworden war, gelang es ihm, dem Täter die Strumpfmaske vom Kopf zu reißen und einen Blick in sein Gesicht zu werfen. Nie würde er es vergessen. Zu oft hatte es ihn in seinen Albträumen heimgesucht.

Fünf Männer betraten den Raum. Langsam trotteten sie hintereinander her. Auf ein Kommando drehten sie sich nach vorne, in den Händen ein Schild mit einer Zahl darauf.

„Herr Resing, sind Sie bereit?"

Ture nickte. Sein Hals war trocken. Von links nach rechts musterte er einen nach dem anderen. Es war mucksmäuschenstill. Die Nummer 1 schloss er direkt aus. Das blonde Haar, dazu der fusselige Kinnbart, nein, das war nicht der Täter. Nummer 2 und Nummer 4 sahen sich verdammt ähnlich. Beide hatten die dunklen Haare zu einem Zopf zusammengebunden und trugen einen Schnurrbart. Ture schloss die Augen und versuchte sich das Bild des Täters zu vergegenwärtigen.

„Herr Resing, alles in Ordnung?", fragte der Kommissar besorgt.

„Es tut mir leid …" Die Erkenntnis traf Ture bitter.

„Was tut Ihnen leid?"

Tränen füllten Tures Augen. Doch war es nicht die Erleichterung, die dafür sorgte. Vielmehr war es die Angst. Die Angst, dass es noch immer nicht vorbei sein würde. Die Träume, die Sorgen, die Panikattacken.

„Herr Resing?"

Ture atmete tief durch. Dann flüsterte er leise: „Er ist nicht dabei."

Kohlhaas · Deutsch-Krimi 7/8 | 978-4-589-16621-3 | Illustration Lupe: shutterstock/Sonya illustration; Hintergrund: shutterstock/Tobias Steinert

DIE GEGENÜBERSTELLUNG – DEM RÄTSEL AUF DER SPUR

(1) Ture fiebert der Gegenüberstellung entgegen

Auf der einen Seite ist Ture aufgeregt, seinem einstigen Peiniger zu begegnen. Andererseits hofft er, dass er dadurch endlich zur Ruhe kommen kann. Er muss sich konzentrieren, genau hinsehen und alles, was falsch ist, ausblenden. Genau wie du jetzt. Streiche alle falschen Aussagen durch.

a. Ein Satz besteht immer aus einem Subjekt und Prädikat.
b. Ein Satz besteht mindestens aus einem Prädikat.
c. Auch ein Pronomen kann ein Subjekt sein.
d. Das Subjekt kann man erfragen.
e. Das Subjekt ist immer ein Substantiv.

(2) Ture schaut sich einen Verdächtigen nach dem anderen an

Nur so kann er den Täter identifizieren. Dabei schießt ihm ein Gedanke durch den Kopf. Verändere den Satz so, dass das Subjekt zum Akkusativobjekt wird und umgekehrt.

a. Ture kann den Täter bei der Polizei nicht erkennen.

____

b. Die Polizei fragt Ture nach näheren Informationen.

____

(3) Ture erkennt seinen Peiniger nicht

Er fühlt sich schlecht, kann sich kaum mehr an die Tat erinnern. Der Kommissar legt ihm seine einstige Aussage vor. Ture geht sie noch einmal durch. Er versucht sich zu erinnern. Unterstreiche du im Text Genitivobjekte gelb, Dativobjekte rot und Akkusativobjekte blau.

Ich sehe die rote Fußgängerampel. Ein Motorradfahrer fährt vorbei. Während des Wartens überlege ich, was ich später essen könnte. Hinter mir vernehme ich ein Geräusch. Ein Typ kommt meiner Person verdächtig nahe. Der Mann stürzt sich ohne Vorwarnung auf mich. Er schlägt einfach auf mich ein. Auf seinem Kopf trägt er eine Ski-Maske. Ich kann ihm seine Maske entreißen. Mein Blick fällt auf den markanten Schnurrbart und die dunklen Augen eines wütenden Gesichtes. Danach bin ich in einem sterilen Zimmer eines Krankenhauses aufgewacht.

Kohlhaas · Deutsch-Krimi 7/8 | 978-4-589-16621-3 | Illustration Lupe: shutterstock/Sonya illustration; Hintergrund: shutterstock/Tobias Steinert

GEISTERJAGD

„Hast du den alten Kassettenrekorder?"

„Ja!"

„Sind Batterien drin?"

„Ja!"

„Gut, dann denke ich, dass wir aufbrechen können."

Als Tim die Tür leise hinter sich zuzieht, empfängt ihn ein eisiger Wind. Sein bester Freund Luc steht mit dem Rucksack auf den Schultern unter dem Schein der Straßenlaterne und zittert. „Hast du Angst?", flüstert Tim.

„Mir ist einfach nur kalt! Können wir dann jetzt endlich los?", erwidert Luc lässig.

Seit Jahren erzählen sich die Jugendlichen aus Wagenfürth dieselbe Geschichte. Die Geschichte von den vier weinenden Gräbern.

„Weißt du, was ich gelesen habe?"

„Was denn?"

„Die vier Jungs sind damals zuletzt im Zelt auf dem Stadtfest gesehen worden. Alle zusammen. Unterschiedliche Zeugen haben es der Polizei bestätigt."

„Ist doch nichts Neues. Dass die vier gemeinsam gegangen sind, weiß doch auch jeder."

„Ja, aber ich dachte, das erzählt man sich halt so. Dass es wirklich Beweise gibt, war mir echt nicht klar."

Luc rollt mit den Augen.

„Die sollen sogar getönt haben, dass sie die Nacht auf dem Friedhof verbringen wollen. Da hat man am nächsten Morgen ja auch zuerst nach ihnen gesucht, aber sie waren eben verschwunden."

„Ja, bis heute." Bei dem Gedanken daran, erschaudert Tim und ist froh, dass Luc bei der Kälte nicht merkt, dass er vor Angst am ganzen Körper zittert. „Was glaubst du, was ihnen passiert ist?", fragt er ihn.

„Das will ich ja herausfinden. Deswegen ja auch der alte Rekorder. Geisterstimmen lassen sich mit dem Smartphone nicht aufzeichnen. Wir stellen den Rekorder auf die Gräber, auf denen die Jungs damals übernachtet haben sollen, und hören uns das Band später an. Sollte sich darauf etwas befinden, müssen wir der Sache tiefer auf den Grund gehen!"

„Und du glaubst, dass das funktioniert?"

Luc zuckt nur mit den Schultern. Erst jetzt bemerkt Tim, dass es um sie herum stockfinster geworden ist. Nur das spärliche Licht ihrer Smartphones beleuchtet den Weg am Waldrand entlang. Überall scheint es zu rascheln und zu knacken.

Wenige Meter vor sich erkennen die Jungs den Eingang zum Friedhof. Als die Wolkendecke kurz den Blick zum Mond freimacht, zeichnet sich die Silhouette des Tores deutlich ab.

„Nun komm schon!", ermuntert ihn Luc. Unmerklich hat Tim seinen Schritt verlangsamt.

Vereinzelt brennen auf dem Friedhof rote Grablichter. Sonst herrscht Stille. Totenstille.

„Hier entlang!", flüstert Luc und Tim wundert sich, warum Luc eigentlich so leise spricht. Denn hier besteht wohl kaum die Gefahr, jemanden aufzuwecken. Plötzlich stoppt er.

„Hier ist es! Mach den Rekorder bereit!"

Als Tim den Rucksack öffnet, zuckt er auf einmal zusammen.

„Was war das?"

Kohlhaas · Deutsch-Krimi 7/8 | 978-4-589-16621-3 | Illustration Lupe: shutterstock/Sonya illustration; Hintergrund: shutterstock/Tobias Steinert

Luc starrt ihn an.

„Luc?"

„Ich … ich …", stottert dieser.

Tim dreht sich um. Er kann noch nicht einordnen, was er gehört hat, aber meint, es sei von hinten gekommen.

„Vielleicht war es irgendein Tier oder was meinst du?"

Er kneift die Augen zusammen, um in der Dunkelheit etwas zu erkennen. Erst jetzt fällt ihm auf, dass Luc nicht antwortet.

„Luc?" Als Tim sich umdreht, ist Luc verschwunden.

Er stellt den Rucksack ab und will ihn gerade rufen, als das seltsame Geräusch erneut ertönt. Noch nie zuvor hat Tim etwas Vergleichbares gehört. Was ihn aber tatsächlich beeindruckt, ist, dass er keinerlei Angst verspürt. Nicht so wie Luc, der wohl einfach abgehauen ist.

Langsam zieht er den Rekorder hervor, stellt ihn auf den Kiesweg und drückt die Aufnahmetaste. Das Geräusch muss aufgenommen werden, sonst wird ihm die Geschichte niemand glauben. Während rauschend das Band mitläuft, steht Tim einfach nur in der dunklen Kälte und wartet darauf, es noch einmal zu hören. Doch außer dem Wind und vereinzeltem Rascheln bleibt es ruhig.

Als es Tim zu kalt wird, stoppt er die Aufnahme und verstaut den Rekorder in seinem Rucksack, um sich auf den Heimweg zu machen.

Zuhause angekommen, zieht er sich um, legt sich in sein Bett und startet die Kassette. Das stete Rauschen führt dazu, dass er langsam wegdämmert. Mit einem Mal sitzt er aufrecht in seinem Bett. Hastig stoppt er die Aufnahme, spult zurück und lässt das Band noch einmal ablaufen. Das, was er hört, wird er nie wieder vergessen!

GEISTERJAGD – DEM RÄTSEL AUF DER SPUR

1 Die Aufnahme

Was hört Tim, als er aufwacht? Führe die Geschichte weiter aus und gestalte ein alternatives Ende.

Kohlhaas · Deutsch-Krimi 7/8 | 978-3-589-16621-3 | Illustration Lupe: shutterstock/Sonya illustration; Hintergrund: shutterstock/Tobias Steinert

2 Luc und Tim werden getrennt

Als Tim sich umdreht, ist Luc verschwunden. Ist er abgehauen oder wurden sie gewaltsam voneinander getrennt? Was bringt sie wieder zusammen? Darum geht es auch hier: Getrennt oder zusammen? Untersuche, welche Wörter richtig bzw. falsch geschrieben wurden, und erkläre jeweils, warum.

a. laufenlernen

____

b. aufhorchen

____

c. vorwärts kommen

____

d. nasskalt

____

3 Die Suche nach Beweisen

Tim und Luc suchen nach Beweisen für die Existenz von Geistern. Belege du nun die Regeln zur Getrennt- und Zusammenschreibung mit Beispielen.

a. Wortverbindungen aus zwei Adjektiven werden zusammengeschrieben:

z. B. ____

b. Wortverbindungen aus Nomen und Verb, schreibt man getrennt:

z. B. ____

c. Wortverbindungen aus Adjektiv und Verb schreibt man getrennt:

z. B. ____

d. Wortverbindungen aus zwei Nomen werden zusammengeschrieben:

z. B. ____

Kohlhaas · Deutsch-Krimi 7/8 | 978-4-589-16621-3 | Illustration Lupe: shutterstock/Sonya illustration; Hintergrund: shutterstock/Tobias Steinert

LEVEL 13

Schnaubend schlug sich Marc mit der flachen Hand auf den Oberschenkel. „Habe ich es dir nicht gesagt, Bro? Ich packe heute dieses verdammte Level!"

Seit ungefähr einer Woche bissen sich sein bester Freund Basti und er die Zähne an NOTERIFT aus. Alle aus der Klasse und dem Jahrgang spielten dieses Spiel. Doch keiner so gut wie Basti und Marc. Und genau jetzt hatte Marc es geschafft. Der Bildschirm wurde schwarz und in weißen Buchstaben stand dort: LEVEL 13.

Basti spielte parallel zuhause auf seiner Konsole und stand über ein Headset mit seinem Freund in Kontakt.

„Alter, Hut ab! Ich bin sowas von gespannt, wie es weitergeht!"

Marc atmete tief durch, spreizte die Finger und lockerte die Schultern. Plötzlich ertönte eine Stimme in seinem Kopfhörer: *„Bist du bereit, Marc?"*

„Äh, warst du das?", fragte Basti.

„Bestimmt nicht! Dasselbe wollte ich dich gerade fragen."

„Was für ein krasser Scheiß! Woher kennen die deinen Namen?"

„Marc, ich frage dich noch einmal: Bist du bereit?", ertönte es wieder.

„Ja, ja … ich bin bereit!"

Im Hintergrund hörte er Basti lachen.

„Willkommen in Level 13."

Ein verwackeltes und unscharfes Bild erschien. Marc kniff die Augen zusammen. Pixel um Pixel verschärfte es sich und als er erkannte, was auf dem Bildschirm war, verschlug es ihm die Sprache.

„Marc? Alles ok bei dir?"

„Ich … ich … was soll das?", stotterte er.

„Was ist denn los bei dir?"

Marc starrte unverwandt auf den Bildschirm.

„Marc, weißt du, wo sich dieser Ort befindet?", fragte die Stimme.

„Das … Das ist unser Wohnzimmer."

„Marc? Was passiert da? Ich krieg echt langsam Schiss!"

„Basti? Das glaubst du nicht! Das sieht aus, als stünde eine Kamera unten. Ich sehe unser Sofa, den Schrank und meine eigenen Kinderfotos an der Wand!"

„Marc, du solltest dich viel eher fragen, was du nicht siehst!"

Marc beugte sich nach vorne. Auf dem Wohnzimmertisch standen zwei Gläser und daneben eine Tasse, die dampfte.

„Ich verstehe nicht ganz …"

„Welches Bild bot sich dir, bevor du vorhin nach oben in dein Zimmer gegangen bist?"

Er war vom Küchentisch aufgestanden, durchs Wohnzimmer zur Treppe gehastet und hatte … schlagartig wurde ihm bewusst, was die Stimme von ihm wollte.

„Meine Eltern!", rief er. „Meine Ma hat mich gefragt, ob ich mit den Hausaufgaben fertig sei. Dann habe ich mich verabschiedet und gesagt, dass ich eine Runde zocken wolle. Und Dad hat mir viel Spaß gewünscht!"

„Willkommen in Level 13, Marc. Wenn du deine Eltern wiedersehen möchtest, musst du folgendes Rätsel lösen."

„Was für ein kranker Mist soll das sein, Marc?" Basti hörte weiterhin alles mit.

Kohlhaas · Deutsch-Krimi 7/8 | 978-4-589-16621-3 | Illustration Lupe: shutterstock/Sonya illustration; Hintergrund: shutterstock/Tobias Steinert

Marc riss sich den Kopfhörer vom Schädel und rannte aus dem Zimmer nach unten. „Mama? Papa? Wo seid ihr?“ Keine Antwort. Es blieb völlig still. Er zuckte zusammen, als das Telefon klingelte. Hastig nahm er den Hörer ans Ohr: „Mama? Bist du das?“

„Marc, nur wenn du das Rätsel löst, wirst du deine Eltern wiedersehen!“ Verzweifelt warf er das Telefon auf die Couch, rannte in die Küche, in das Esszimmer und das Schlafzimmer seiner Eltern. Doch Mama und Papa blieben verschwunden.

Marc schluckte. Als er spürte, wie sich sein Magen zusammenzog, wurde ihm übel. Dann riss er sich zusammen und stieg die Stufen zu seinem Zimmer hinauf. Zögerlich setzte er sich vor den Bildschirm, auf dem immer noch das Wohnzimmer zu sehen war, und zog die Kopfhörer über.

„Du hast dich entschieden, Marc. Level 13 beginnt. Welches der folgenden Wörter passt nicht zu den anderen: Nebel, Lage, Seil, Glaube, Tor, Gras.“

„Basti, bist du noch da?“

„Worauf du wetten kannst!“

„Hast du die Wörter gehört?“

„Jep.“

„Das hier ist kein Fake! Ich war unten! Meine Eltern sind wie vom Erdboden verschluckt. Wir müssen sie retten!“

„Nebel, Lage, Seil, Glaube, Tor, Gras“, wiederholte Basti.

„Kannst du das Rätsel lösen, Marc? Du hast genau zwei Minuten Zeit!“

Marc blickte auf die Uhr an seinem Handgelenk und überlegte, während Sekunde um Sekunde verstrichen. Nach einer Minute wusste er, dass er seine Eltern gleich wiedersehen würde.

Kohlhaas · Deutsch-Krimi 7/8 | 978-4-589-16621-3 | Illustration Fingerabdruck und Lupe: shutterstock/Sonya illustration; Hintergrund: shutterstock/Tobias Steinert

LEVEL 13 – DEM RÄTSEL AUF DER SPUR

1 Marcs Eltern sind verschwunden

Marc kennt des Rätsels Lösung. Kennst du sie auch? Begründe.

____

____

2 Marc berichtet seinen Eltern von Level 13

Als Marc später seinen Eltern die wahnsinnige Geschichte erzählt, muss er die Unterhaltungen wiedergeben. Hilf ihm dabei, indem du die Sätze in die indirekte Rede umformst.

a. Basti ruft: „Alter, Hut ab! Ich bin sowas von gespannt, wie es weitergeht!“

____

b. Die Stimme in seinem Kopfhörer fragt: „Bist du bereit, Marc?“

____

c. Marc stottert: „Ich … ich … was soll das?“

____

3 Marcs Eltern informieren die Polizei

Die Polizei protokolliert Marcs Aussagen. Fülle die Lücken im Protokoll des Polizisten richtig aus.

a. Marc: „Ich spiele Noterift für mein Leben gern.“

Protokoll: Marc behauptet, ________ spiele Noterift für ________ Leben gern.

b. Marc: „Ich war mir sicher, dass ich Level 13 erreiche.“

Protokoll: Marc meint, ________ sei ________ sicher gewesen, dass ________ Level 13 erreiche.

c. Marc: „Wir können froh sein, dass meinen Eltern nichts passiert ist.“

Protokoll: Marc stellt fest, dass ________ froh sein können, dass ________ Eltern nichts passiert ist.

Kohlhaas · Deutsch-Krimi 7/8 | 978-3-589-16621-3 | Illustration Lupe: shutterstock/Sonya illustration; Hintergrund: shutterstock/Tobias Steinert

4 Marc und Basti sind erleichtert

Am späten Abend sitzen Basti und Marc zusammen und sind erleichtert, dass nicht mehr passiert ist. Fülle die Lücken in Marcs Aussagen richtig aus.

1. Beinahe ________ ich das Rätsel nicht gelöst. (haben)
2. Fast ________ ich auf dem Weg nach unten die Treppe heruntergefallen. (sein)
3. Es fehlte nicht viel und die Zeit ________ abgelaufen. (sein)
4. Um ein Haar ________ ich meine Eltern nie wiedergesehen. (haben)

5 Wünsche

Bevor Basti nach Hause muss, dürfen sich alle Beteiligten noch etwas wünschen.
Hilf ihnen dabei.

1. Marc: Ich wünschte, das ____________ nie passiert. (sein)
2. Basti: Ich wollte, ich ____________ das Spiel nie gezockt. (haben)
3. Eltern: Wir wünschten, wir ____________ mehr darauf geachtet, was du spielst. (haben)
4. Marc: Wünscht euch lieber, ihr ____________ nicht Zuhause gewesen. (sein)
5. Marc: Oder wünscht euch, Basti ____________ zuerst Level 13 erreicht. (haben)

6 Wie funktioniert Level 13?

Noch Tage später haben Basti und Marc keine Erklärung dafür, wie Level 13 funktioniert. Sie diskutieren fast täglich. Bestimme du in der Diskussion, ob es sich um den Konjunktiv I oder den Konjunktiv II handelt. Unterstreiche den Konjunktiv I einfach und den Konjunktiv II doppelt.

a. Ich wollte, ich hätte vorher gewusst, was mich erwartet.

b. Meine Mutter sagte, dass sie sich nicht erinnern könne, wo sie in der Zeit gewesen seien.

c. Es wäre toll, wenn wir irgendwann wüssten, wie Level 13 funktioniert.

d. Mein Vater sagte, er sei erleichtert, dass ich das Rätsel gelöst habe.

e. Wie wäre es, wenn wir es noch einmal versuchen?

Kohlhaas · Deutsch-Krimi 7/8 | 978-4-589-16621-3 | Illustration Lupe: shutterstock/Sonya illustration; Hintergrund: shutterstock/Tobias Steinert

BÖSER ZWILLING

Trotzig steht Luisa vor ihrer Schwester und stemmt die Arme in die Hüften. Leona mag es überhaupt nicht, wenn sie den Kopf so schief hält, weil Luisa dann aussieht wie deren Mutter, wenn sie sauer auf eine der beiden ist.

„Du hast mir gar nichts zu sagen, Schwesterherz!", antwortet Leona trocken und blitzt sie an.

Kaum sind ihre Eltern aus dem Haus, spielt sich Luisa auf wie eine Diva. Sobald sie alleine sind, muss Leona ihren Anweisungen auf Schritt und Tritt folgen. Erdreistet sie sich, ihrer Zwillingsschwester zu widersprechen, wird sie es bereuen. Luisa ist gemein, fies und Leona ihr liebstes Opfer.

„Denk daran, wer die Ältere von uns beiden ist", weist sie Leona grob zurecht.

Vier Minuten. Ganze vier Minuten ist Luisa älter als Leona. Vier Minuten, die ihr das Leben zur Hölle machen.

„Ok, ich geb' es auf!" Leona winkt ab und lässt ihre Schwester einfach stehen.

„Hey, du kannst mich doch nicht mit der ganzen Arbeit alleine lassen! Ich schwöre dir, wenn du jetzt gehst, wirst du es bereuen!"

Noch bevor Leona die Küche verlässt, klingelt es an der Tür. Während sie die Klinke in der Hand hält, wird diese ruckartig nach innen aufgestoßen und knallt ihr gegen den Kopf. Benommen taumelt sie ein paar Schritte zurück, als ob sie betrunken wäre. Nur verschwommen erkennt sie drei vermummte Gestalten, die das Haus betreten. Aus der Küche hört sie den spitzen Schrei ihrer Schwester.

Als Leona einige Minuten später aufwacht, sitzt sie auf einem der Küchenstühle. Vor ihr stehen zwei Eimer. Verwirrt schaut sie sich um. Es ist niemand weiteres im Raum. Sie hat keine Ahnung, wo sie sich befindet.

„Hallo?", fragt sie und reibt sich die schmerzende Stirn.

Keine Antwort. Sie steht auf, ihr wird schwindelig. Als sie sich wieder auf den Stuhl setzen will, fällt ihr ein Tablet auf. Sie greift danach und entsperrt es, indem sie den Bildschirm berührt. Zuerst denkt sie, dass sie ein Bild von sich selbst sieht. Doch bei genauerem Hinsehen ist es Luisa. Sie sitzt ebenfalls auf einem der Küchenstühle zuhause in der Küche.

„Luisa?"

„Sie kann dich nicht hören!" Leona schreckt auf. Im Türrahmen steht eine der vermummten Gestalten.

„Wer, wer sind Sie?"

„Das ist unwichtig. Wichtig ist nur der Test."

„Was für ein Test? Was soll das denn hier?"

„Wir kommen von der Agentur siEbling. Wir führen diese Tests aus, damit unser Auftraggeber herausfinden kann, wie sehr Geschwister einander brauchen." Entgeistert schaut Leona den Mann an: „Ihr Auftraggeber?"

„Genug geredet! Ich erkläre dir jetzt die Spielregen: Vor dir siehst du zwei Gefäße. Das eine fasst fünf Liter Wasser, das andere drei. Du bestehst den Test, wenn es dir gelingt, den größeren Behälter genau mit vier Litern Wasser zu befüllen."

„Warum vier Liter?" Während sie die Frage laut stellt, fällt ihr auf, wie bescheuert diese eigentlich ist.

„Vier Liter? Ganz einfach, wegen der vier Minuten!"

„Was passiert, wenn ich den Test nicht bestehe?"

„Dann werden deine Eltern nur noch eine Tochter haben. Du wirst nicht mehr nach Hause zurückkehren dürfen." Fassungslos sackt Leona in sich zusammen.

Kohlhaas · Deutsch-Krimi 7/8 | 978-4-589-16621-3 | Illustration Lupe: shutterstock/Sonya illustration; Hintergrund: shutterstock/Tobias Steinert

„Ist das euer Ernst? Das ist ein Fake, oder?“ Der Mann schüttelt nur den Kopf.

„Du kannst den Test jetzt beginnen oder dich entscheiden, deine Schwester zu opfern?“

„Zu opfern?“, platzt es aus ihr heraus.

„Ja, wenn du den Test nicht antrittst, holen wir Luisa ab und setzen dich in der heimischen Küche ab.“

„Aber …“

„Ich denke, es ist Zeit, sich zu entscheiden!“

Leona denkt an die vielen Streitereien mit Luisa. Wie oft hat sie unter ihrer Schwester gelitten. Aber reicht das aus, um sie zu opfern? Ihr Blick fällt auf die beiden Behälter. *Vier Liter.*

„Ich lasse dich jetzt alleine. Ich bin in vier Minuten zurück, um zu überprüfen, ob du den Test bestanden hast.“

Als der Vermummte den Raum verlässt, bleibt Leona ratlos zurück. Wie soll sie jetzt aus fünf und drei Litern vier Liter hervorzaubern? Rastlos tigert sie durch den Raum. Dabei fällt ihr Blick noch einmal auf das Tablet, auf dem sie sieht, wie Luisa ihre Hände seltsam vor die Brust drückt. Ihre Finger sind zu sehen. Irgendetwas zeigt sie an. Mit der linken Hand eine fünf, dann den Daumen der rechten Hand abgespreizt und Zeige-, Mittel- und Ringfinger ausgestreckt. Es sieht aus wie fünf minus drei. Es klingelt in Leonas Kopf. Das ist ein Tipp, um den Test zu lösen. Gleich sind beide aus dieser schrägen Nummer raus und dann vergessen sie den Mist mit den vier Minuten und fangen neu an. Wie richtige Schwestern.

Kohlhaas · Deutsch-Krimi 7/8 | 978-4-589-16621-3 | Illustration Fingerabdruck und Lupe: shutterstock/Sonya illustration; Hintergrund: shutterstock/Tobias Steinert

BÖSER ZWILLING – DEM RÄTSEL AUF DER SPUR

1 Luisas Tipp

Luisa gibt Leona per Zeichen einen Tipp, um das Rätsel zu lösen. Weißt du, wie es geht?

____

____

____

____

2 Leona entwickelt einen Plan

Um am Ende vier Liter Wasser in dem größeren Gefäß zu haben, muss sie schrittweise vorgehen. Ordne ihre Gedanken den entsprechenden Nebensatzarten zu.

Konzessivsatz	*Temporalsatz*	*Kausalsatz*	*Lokalsatz*	*Finalsatz*

a. Bevor ich anfange, muss ich einen Plan machen.	b. Obwohl beide Gefäße unterschiedlich groß sind, muss es funktionieren.	c. Ich fange schnell an, damit ich keine Zeit verschwende.	d. Ich will den Test bestehen, weil ich zurück nach Hause will.	e. Ich frage mich, woher die Typen wohl kommen?

3 Luisa und ihr Zeichen

Luisa muss Leona möglichst unauffällig Zeichen geben. Leona muss genau hinschauen, um sie zu erkennen. Schau du nun auch genau hin, wo sich im Text verschiedene Nebensatzarten verstecken. Trage sie entsprechend ein.

a. Kausalsatz: ____

____

b. Temporalsatz: ____

c. Lokalsatz: ____

____

Kohlhaas · Deutsch-Krimi 7/8 | 978-3-589-16621-3 | Illustration Lupe: shutterstock/Sonya illustration; Hintergrund: shutterstock/Tobias Steinert

d. Konditionalsatz: ______________________________

____

e. Finalsatz: ______________________________

____

f. Modalsatz: ______________________________

____

4 Leona fragt sich, ob ihr Plan gelingt

Während sie die Eimer befüllt, fragt sich Leona, ob sie das Richtige tut. „Richtig oder falsch?“ – das ist hier die Frage.

	richtig	falsch
a. Im Nebensatz steht das Verb an erster Stelle.	○	○
b. Im Hauptsatz steht das Verb an letzter Stelle.	○	○
c. Nebensätze werden auch Gliedsätze genannt.	○	○
d. Durch Satzgefüge verbessert sich der Ausdruck.	○	○
e. Ein Kausalsatz ist kein Adverbialsatz.	○	○

5 Leona schüttet hin und her

Um am Ende vier Liter übrig zu haben, schüttet Leona den Inhalt hin und her. Kannst du das auch mit dem vorliegenden Satz tun? Stelle ihn in zwei verschiedene Versionen um. Beginne dabei in einer Version den Satz mit dem Prädikat.
Satz: Leona nimmt den großen Eimer.

Umstellung 1: ______________________________

Umstellung 2: ______________________________

Ändert sich die Aussage des Satzes? Wenn ja, warum? ______________________________

____

____

____

____

Kohlhaas · Deutsch-Krimi 7/8 | 978-4-589-16621-3 | Illustration Lupe: shutterstock/Sonya illustration; Hintergrund: shutterstock/Tobias Steinert

EIN KINDERSPIEL

Ihr finger zittert, als sie den klingelknopf nach unten drückt. Wenig Später vernimmt sie Schritte, die sich der Tür näern.

„Aida, schön dich zu sehen!", ruft ihr ein Mann entgegen. „Herr Dahlmann, es freut mich, sie endlich persönlich kennenzulernen." Aida streckt ihm ihre Hand entgegen und bereut es schnell, da er ihr gegenüber einen gewaltigen Händedruck hat. Ihr erster Auftraggeber. Ihr erster Babysitter-Job.

„Komm schnell herein, draußen ist es ja entsetzlich kalt." Aida betritt den Flur und folgt Herrn Dahlmann in das angrenzende Wohnzimmer. Der gesamte Wohn bereich ist offen gehalten. Direkt nebendran befindet sich das Esszimmer mit einem grossen Esstisch und die Küche mit einer in der Mitte befindlichen Koch insel.

„Wow, ein tolles Haus haben Sie", bemerkt sie staunend.

„Danke!"

Herr Dahlmann verschwindet kurz im Flur und zieht sich bereits seinen Mantel über, als er zurück kommt. „Ich bin so froh, dass du so kurzfristig auf Marcel aufpassen kannst! Im Gefrierfach findest du eine Tiefkühlpizza, falls du hunger bekommst. Ich werde so um 22:40 Uhr zurück sein. Ist das ok?" Aida nickt.

„Wo ist er?", fragt sie.

„Was?"

„Marcel? Wo ist er überhaupt?"

„Oh, er ist oben in seinem zimmer." Herr Dahlmann öffnet die Tür zum Flur und ruft laut nach ihm. „Er ist ein wenig Schüchtern", entschuldigt er sich sofort.

Herr Dahlmann schaut auf sein Smartphone und wirkt plödzlich nervös. „Ich muss dann auch los. Wenn es Propleme gibt, meine Nummer hast du ja. Mach es gut, Aida und noch einmal vielen Dank." Schnell öffnet er die Tür, winkt kurz zum abschied und lässt sie krachend hinter sich zu Fliegen.

Aida bleibt im Hausflur zurück und kratzt sich verlegen am Kopf.

„Marcel? Mein Name ist Aida. Ich passe heute abend auf dich auf. Magst du kurz zu mir kommen, damit wir uns kennen lernen können?", ruft sie nach oben. Niemand antwortet. „Marcel?", versucht sie es etwas lauter. Es bleibt still.

Stirnrunzelnd stapft sie die Stufen der geschwungen Treppe nach oben. Hinter einer weiteren Tür befindet sich ein schmaler Flur. Aida schaltet das Licht ein und lauscht. Sie hört kein einziges Geräusch. Sie tritt an die erste Tür und klopft. Nichts. Als sie diese nach innen auf stößt, erkennt sie die Umriße eines großen Bettes. Das muss das Schlafzimmer des Vaters sein. Sie zieht die Tür zu und prüft die nächste. Dahinter liegen Dusche und WC. „Marcel? Bist du da drin?", fragt sie zögernd, als sie vor der letzten Tür steht. „Hallo?" Ihr Stimme flattert ein wenig.

Langsam umschließt sie mit der rechten Hand den Tür griff, drückt ihn nach unten und lässt die Tür nach innen auf schwingen, während sie selbst im Rahmen stehen bleibt. Sie kneift die Augen zusammen, das fahle Licht des flures erhellt das Zimmer nur spärlich. Sie erkennt ein Hochbett, eine Kommode, einen Sessel. Angespannt tastet sie mit der linken Hand nach einem Licht schalter. Als sie ihn trückt, bleibt das Zimmer dunkel. Sie versucht es noch einmal. Kein Lischt. „Marcel?"

Während sie aus ihrer Gesäßtasche ihr Smartphone zieht und eine Nachrichd von Herrn Dahlmann entdeckt, schlägt vor ihr mit einem festen Rumms die Tür des Kinderzimmers zu. Erschrocken fährt sie zusammen.

Kohlhaas • Deutsch-Krimi 7/8 | 978-4-589-16621-3 | Illustration Lupe: shutterstock/Sonya illustration; Hintergrund: shutterstock/Tobias Steinert

„Hey, was soll der Scheiß!", entfährt es ihr. Dann fällt ihr Blick zurück auf das Display ihres Smartphones.

> **Marcel ist wirklich sehr schüchtern, aber ich denke, ihr werdet euch gut verstehen. Danke!**

Aida seufzt, leckt sich über die Lipen und klopft forsichtig an. „Marcel? Es tut mir leid, dass ich einfach so die Tür geöffnet habe. Können wir noch einmal von vorne anfangen?" Keine Antwort. Nichts. Aida admet tief durch. Dann legt sie ihr rechtes Ohr von Außen an das Türblatt. Sie versucht sich zu konzentrieren. Irgendetwas kann sie hören. Ein Geräuch. Ein Rascheln. Es kommt näher, wird lauter. Es hört sich an, als würde jemand direkt hinter der Tür stehen und daran schaben. Aida schluckt. Ihr Atem beschleunigd sich. Sie fragt sich, ob sie den Vater anrufen sollte?

Als sie den Bildschirm entsperrt, entdeckt sie eine weitere Nachricht. Von einem unbekannten Absender.

> **Komm doch rein, wenn du dich traust.**

Verstört liest sie die Zeile wieder und wieder.

„Aida?" Das Flüstern ist so leiße, dass sie es kaum versteht. „Aida?"

„J … ja?", fragt sie stotternt.

„Und? Traust du dich?"

Kohlhaas · Deutsch-Krimi 7/8 | 978-4-589-16621-3 | Illustration Lupe: shutterstock/Sonya illustration; Hintergrund: shutterstock/Tobias Steinert

EIN KINDERSPIEL – DEM RÄTSEL AUF DER SPUR

1 Herr Dahlmann verhält sich komisch

Aber auch im Text selbst ist einiges nicht richtig. Es verstecken sich zahlreiche Fehler darin. Schreibe die Anzahl der gefundenen Fehler in das Feld.

2 Aida glaubt, einen Fehler gemacht zu haben

Sie glaubt, dass sie die Türe zu Marcels Zimmer nicht hätte öffnen dürfen. Du musst nun auch die Fehler korrigieren. Schreibe die richtige Schreibweise der Fehler aus der Geschichte hier auf.

3 Regeln

Herr Dahlmann hat vergessen, Aida darauf hinzuweisen, dass in der Küche ein Zettel mit Regeln liegt, die sie im Umgang mit Marcel beachten soll. Schau dir die Regeln genau an und bilde anschließend zu jeder der sechs Regeln einen Beispielsatz.

a. Kommas stehen bei Aufzählungen, die nicht durch „und“ getrennt sind.
b. Stehen Adjektive nacheinander, die auch mit „und“ verbunden werden könnten, trennt man sie durch ein Komma.
c. Eigenständige Sätze, die eingeschoben werden, werden mit Kommas abgetrennt.
d. Hauptsätze, die nicht mit „und“ oder „oder“ verbunden sind, werden durch Kommas getrennt.
e. Haupt- und Nebensätze werden durch ein Komma getrennt.
f. Infinitivgruppen mit „zu“ werden durch ein Komma abgetrennt, wenn sie mit „als“, „anstatt“, „außer“, „ohne“, „statt“ oder „um“ eingeleitet werden oder von einem Substantiv abhängen.

Kohlhaas · Deutsch-Krimi 7/8 | 978-3-589-16621-3 | Illustration Lupe: shutterstock/Sonya illustration; Hintergrund: shutterstock/Tobias Steinert

Regel 1: ____

____

Regel 2: ____

____

Regel 3: ____

____

Regel 4: ____

____

Regel 5: ____

____

Regel 6: ____

____

(4) Rituale

Herr Dahlmann gibt an, dass Marcel sich nur anständig verhalten kann, wenn man alle Rituale genauso einhält, wie sie eingeübt wurden. Rituale sind eingeübte Strukturen, die sich nicht verändern, an die man sich gewöhnt und die einem Sicherheit bieten. Auch Sätze haben manchmal eine Struktur bestehend aus Hauptsatz (HS), Gliedsatz (GS) und Relativsatz (RS). Gib in den folgenden Sätzen die Satzstruktur an. Verwende dazu die o.a. Abkürzungen.

a. Als ich die Türklinke, die die Tür verschloss, drückte, erwartete mich Dunkelheit.

☐ ☐ ☐ ☐

b. Du kannst dir, falls du Hunger bekommst, eine Tiefkühlpizza machen, damit du satt wirst.

☐ ☐ ☐ ☐

c. Solange du hier bist, hältst du dich an die Regeln, die hier gelten.

☐ ☐ ☐

Kohlhaas · Deutsch-Krimi 7/8 | 978-3-589-16621-3 | Illustration Lupe: shutterstock/Sonya illustration; Hintergrund: shutterstock/Tobias Steinert

DAS INTERVIEW

„Guten Tag, Herr Rosenthal. Es freut mich, dass Sie Zeit für mich gefunden haben."

„Ja, Frau Zindler, Sie haben ja auch ordentlich genervt! Können wir jetzt anfangen?"

„Äh, ja, natürlich. Es geht um Ihr Erlebnis aus dem letzten Sommer …"

„Natürlich geht es darum! Sonst würde sich wohl kein Mensch für mich interessieren!"

„Naja, ich meine, es war schon seltsam, was Sie dort erlebt haben."

„Warum? Mein Gott, mir ist jemand begegnet. Das passiert jeden Tag überall."

„Schon, da haben Sie recht. Nur, niemand begegnet sich selbst."

„Im ersten Moment war es ja auch komisch …"

„Jetzt untertreiben Sie aber! Komisch? Es ist wohl höchst seltsam! Klar, es gibt das Gerücht, jeder Mensch habe sieben Doppelgänger, aber da geht es nur um Ähnlichkeiten."

„Ähnlich sah er mir auch."

„Ja, aber er trug auch denselben Namen und dieselbe Kleidung wie Sie."

„Er hat eben einen guten Geschmack."

„Bitte, lassen Sie uns bei der Sache bleiben. Sie befanden sich noch einmal wo genau?"

„In Straßburg. In Frankreich. Eine wunderschöne Stadt. Ich hatte dort einen wichtigen Termin …"

„Sie arbeiten als was?"

„Ich bin Berater."

„Wen beraten Sie denn?"

„Jeden. Vorausgesetzt, er möchte beraten werden."

„Gut, lassen wir das. Sie befanden sich also in Straßburg."

„Ja, ich wollte im Hotel einchecken. Im Grand Hotel de Jardin und da stand er vor mir."

„Sie?"

„Ja, ich stand vor mir. Auch ich wollte einchecken. Ich hatte dasselbe Zimmer gebucht, auf denselben Namen."

„Verrückt."

„Ja, absolut."

„Was geschah dann?"

„Wir haben uns das Zimmer geteilt. Da wir ja beide den Termin mit Herrn Noack hatten, beide einen Tisch im selben Restaurant bestellt hatten, konnten wir die zwei Tage auch gemeinsam verbringen."

„Und? Wie war er? Also, ich meine, wie waren Sie?"

„Unausstehlich."

Kohlhaas · Deutsch-Krimi 7/8 | 978-3-589-16621-3 | Illustration Lupe: shutterstock/Sonya illustration; Hintergrund: shutterstock/Tobias Steinert

DAS INTERVIEW – DEM RÄTSEL AUF DER SPUR

1 Frau Zindler interviewt Herrn Rosenthal

Am nächsten Morgen hört sie sich das Interview noch einmal an und muss für die Zeitung einen Bericht verfassen. Sie versucht sich zu erinnern, welche Merkmale die Textsorte „Bericht" noch einmal hat. Hilf ihr, sie zu finden.

2 Der Bericht

Der Chefredakteur teilt Frau Zindler mit, dass der Bericht bis zum Nachmittag fertig sein soll. Schlüpfe in die Rolle von Frau Zindler und verfasse den geforderten Bericht mithilfe der Merkmale und des Interviews.

Kohlhaas · Deutsch-Krimi 7/8 | 978-3-589-16621-3 | Illustration Lupe: shutterstock/Sonya illustration; Hintergrund: shutterstock/Tobias Steinert

Ermittler in einem Fall sind manchmal abhängig von sogenannten Informanten. Diese geben einen entscheidenden Tipp, damit die Ermittler in einem Fall weiterkommen. Solche Informanten gibt es auch hier. Sie geben dir Hinweise für die Lösung der Aufgaben.

KV 2 Klasse 7 – Lernkrimi 1 Seite 6–8

Erste Informantenrunde zu „Farbenspiel"

1. Lies im Text noch einmal genau nach, welche Farben vom Entführer zurückgelegt werden und überlege, warum Edwins Freunde die Antwort nicht wissen konnten. Vielleicht hilft das schon.
2. Die Übung ist doch einfach! Nur wenn man das richtige Wort einsetzt, wird ein aktiver Satz daraus.
3. Das Partizip II, auch als Partizip Perfekt bekannt, wird in der Regel mit der Vorsilbe **ge-** gebildet. Man braucht es, um das Passiv zu bilden. Bei regelmäßigen Verben wird die Endung **-t** angefügt, bei unregelmäßigen Verben die Endung **-en**. Probiere es aus!
4. Die Übung wird durch eine schlaue Schülerin schnell erledigt. ↔ Eine schlaue Schülerin erledigt die Übung schnell.
5. Wenn jemand direkt etwas tut, ist er aktiv. Wenn etwas mit jemandem gemacht wird, ist er passiv, da er etwas „erleidet". Zu den Zeiten brauchst du auch Hilfe? Eine Zeit hieß doch Präsens, oder? Kennst du noch mehr?
6. Schau dir die Bilder genau an! Sind das nicht Hände auf dem ersten, Augen auf dem zweiten und Menschen auf dem dritten Bild? Was passiert mit denen?

KV 2 Klasse 7 – Lernkrimi 1 Seite 6–8

Zweite Informantenrunde zu „Farbenspiel"

1. Der Entführer holt ein schwarzes und drei weiße Tücher aus dem Schrank. Er benutzt für Marcel und Can ein weißes Tuch, d. h. für Edwin kommen noch ein weißes Tuch oder ein schwarzes Tuch in Betracht. Das kann ihm keine Hilfe sein. Vielmehr ist ihm eine Hilfe, dass Marcel und Can beide ihre Farben nicht nennen können und die Tücher der anderen sehen.
2. Ok, ich verrate dir den ersten Satz: „Der Entführer holt die Tücher aus dem Schrank." Jetzt aber du!
3. Nehmen wir ein Beispiel: Edwin **sucht** nach der Antwort. Um diesen Aktivsatz ins Passiv umzuwandeln, brauchen wir die passende Form von „werden" und müssen das Partizip II des Verbs „sucht" bilden. Also: Nach der Antwort **wird** (← Form von „werden") von Edwin **ge**sucht (← Vorsilbe ge- und -t als Endung).
4. Oh, ich glaube der Tipp zuvor kann dir auch hier hilfreich sein.
5. Ich suche nach der Lösung. Ich bin aktiv, da ich selbst tätig bin. Nach der Lösung wird gesucht. Mit der Lösung wird etwas gemacht, nach ihr wird nämlich gesucht. Also ist sie passiv, da sie selbst nichts dafür tut, um gefunden zu werden.
   Aus folgenden Zeiten musst du sinnvoll auswählen: Präsens, Präteritum, Perfekt, Plusquamperfekt, Futur I, Futur II.
6. Was passiert mit den Händen, was mit den Augen und was mit den Menschen?

Kohlhaas · Deutsch-Krimi 7/8 | 978-3-589-16621-3 | Illustration Lupe: shutterstock/Sonya illustration; Hintergrund: shutterstock/Tobias Steinert

KV 2 Klasse 7 – Lernkrimi 1 Seite 6–8

Dritte Informantenrunde zu „Farbenspiel"

1. Can kann nichts sagen, da er beide Farben tragen kann. Marcel kann die Frage auch nicht beantworten. Er sieht zwar ein weißes Tuch an Cans Arm und ein weißes Tuch an Edwins Arm, aber er könnte sowohl ein weißes als auch ein schwarzes Tuch tragen. Doch aus seiner Antwort ergibt sich für Edwin die einzige Möglichkeit: Seine Tuchfarbe ist weiß, denn hätte Marcel ein schwarzes Tuch an ihm gesehen, hätte er seine eigene Farbe benennen können.
2. a. holt, b. Die Freunde, c. stöhnt, d. den Kollegen, e. tätschelt/Kopf, f. fällt/ein
3. a. wird geklopft, b. wird/getätschelt, c. werden/festgehalten, d. wird/geknebelt, e. wird/gefragt
4. a. Die Entführer entführen die drei Freunde.
   b. Die Täter halten Can und seine Freunde in einem Kellerraum fest.
   c. Edwin fällt die Lösung hoffentlich früh genug ein.
   d. Der Entführer ermahnt Edwin, sich nicht ewig Zeit zu lassen.
   e. Die Täter knebeln die Freunde sofort wieder.
   f. Der Entführer holt die Tücher aus der Schublade.
5. a. Aktiv, Präsens
   b. Passiv, Futur I
   c. Passiv, Perfekt
   d. Aktiv, Futur I
   e. Aktiv, Präteritum
6. a. Die Freunde werden von den Entführern gefesselt.
   b. Can, Marcel und Edwin werden die Augen verbunden.
   c. Die Freunde werden von ihrer Familie umarmt.
   d. Die Freunde werden interviewt.
   e. Die Entführer werden von der Polizei festgenommen.

KV 2 Klasse 7 – Lernkrimi 2 Seite 11–12

Erste Informantenrunde zu „Ausgeraubt"

1. Lies noch einmal genau nach, wo sich der Assistent während des Überfalls befunden haben soll. Es schadet auch nicht, sich die Daten der Geschäftsreise noch einmal genau anzusehen.
2. Satzzeichen sind wichtig, zum Beispiel Kommas, die können Leben retten. Denke nur an den Satz: Komm wir essen Opa! ↔ Komm, wir essen, Opa!
3. Ein Relativsatz gibt zusätzliche Informationen, ein Konjunktionalsatz wird mit einer untergeordneten Konjunktion eingeleitet und ein indirekter Fragesatz gibt meist eine direkte Frage indirekt wieder.
4. Hierfür ist es hilfreich, sich zu überlegen, wann überhaupt Kommas gesetzt werden müssen.
5. Satzanfänge schreibt man doch groß, das ist doch schon mal klar; und dann sind wieder die Regeln, wann man ein Komma setzt, hilfreich. Ganz besonders im Zusammenhang mit der wörtlichen Rede.

Kohlhaas · Deutsch-Krimi 7/8 | 978-3-589-16621-3 | Illustration Lupe: shutterstock/Sonya illustration; Hintergrund: shutterstock/Tobias Steinert

KV 2 Klasse 7 – Lernkrimi 2 Seite 11–12

Zweite Informantenrunde zu „Ausgeraubt"

1. Welches Datum folgt auf den 30.04.?
2. Eine Aufgabe der Geschichte „Ein Kinderspiel" könnte hier hilfreich sein.
3. Ein Beispiel für einen Relativsatz ist: *Das sind die Freunde, mit denen ich gerne Zeit verbringe*. Der Nebensatz nach dem Komma gibt zusätzliche Informationen an. Beispiele für untergeordnete Konjunktionen sind: *als, bevor, damit, dass, indem, ob, seit, weil, wenn*, usw. Ein indirekter Fragesatz wird auch durch dieselben Fragepronomen eingeleitet, wie ein direkter Fragesatz. *Ich frage mich, ob dieser Satz nicht sogar ein indirekter Fragesatz ist.*
4. Eine Aufgabe der Geschichte „Ein Kinderspiel" könnte hier hilfreich sein.
5. „Ich kann dir in dieser Sache keinen weiteren Tipp geben!", meint der Informant.

KV 2 Klasse 7 – Lernkrimi 2 Seite 11–12

Dritte Informantenrunde zu „Ausgeraubt"

1. Da sich der Überfall am 01.05. ereignet hat und dieser ein Feiertag ist, kann die Version von Herrn Richter nicht stimmen.
2. a. Ich habe ein Stück Kuchen gegessen, während Nicklas die Koffer nach oben brachte.
   b. Ich befand mich im Haus. Ansonsten war keiner da.
   c. Herr Burgmer mäht den Rasen, obwohl es draußen recht kalt ist.
   d. Auf sich aufwachte, wurde ich bedroht.
   e. Sobald wir Herrn Feldhoff gefunden haben, nehme ich ihn fest.
3. a 2/3, b3, c1, d2/3, e3
4. a. Herr Burgmer, der Gärtner, kommt montags, mittwochs und samstags.
   b. Katharina trifft sich mittwochs immer mit ihren Freundinnen, donnerstags besucht sie ihren Zumba-Kurs und samstags geht sie in die Sauna.
   c. Nicklas Feldhoff arbeitet montags von 8 bis 18 Uhr, dienstags von 8 bis 20 Uhr und an allen anderen Tagen von 8 bis 16 Uhr.
   d. Herr Richters Dienstreise startete am 26. April, das letzte Meeting fand am 30. April statt und gestern kehrte er zurück.
5. a. Herr Feldhoff meint: „Ich habe mit der Sache nichts zu tun."
   b. Ich frage: „Wo waren Sie denn zu der Zeit, als der Überfall auf Herrn Richter passierte?"
   c. Herr Feldhoff antwortet: „Ich war nicht im Haus."
   d. „Das glaube ich Ihnen nicht", entgegne ich ihm direkt.
   e. „Ich weiß nicht, was ich sagen soll", meint Herr Feldhoff. „Ich glaube, ich möchte meinen Anwalt sprechen."

Kohlhaas • Deutsch-Krimi 7/8 | 978-3-589-16621-3 | Illustration Lupe: shutterstock/Sonya illustration; Hintergrund: shutterstock/Tobias Steinert

KV 2 Klasse 7 – Lernkrimi 3 Seite 15–16

Erste Informantenrunde zu „Zickenkrieg"

1. Es hilft sich noch einmal genau anzuschauen, was passiert ist, als Celine ins Bad musste.
2. Einige der Wörter kommen sogar im Text vor. Vielleicht schaust du dort noch einmal nach.
3. Als Celine ihre Idee preisgibt, will Cheyenne ihr dafür eigentlich einen Preis geben.
4. Solch eine Aufgabe nennt man auch „Schleichdiktat". Eine Aufteilung des Textes kann hilfreich sein.

KV 2 Klasse 7 – Lernkrimi 3 Seite 15–16

Zweite Informantenrunde zu „Zickenkrieg"

1. Wo war Alex, als Celine aus dem Bad gekommen ist? Wo befand er sich in der Zeit, in der er draußen gewartet hat?
2. Ein paar Faustregeln sind: Wörter werden immer zusammengeschrieben, ...
   a. wenn eine neue Gesamtbedeutung der beiden Wörter entsteht (siehe erste Informantenrunde).
   b. wenn die Wortart oder die Bedeutung der einzelnen Teile nicht mehr erkennbar ist.
   c. wenn der erste Bestandteil den zweiten Bestandteil näher beschreibt.
   d. wenn man die Wortteile nicht steigern kann.
   e. wenn man den ersten Wortteil beim laut Lesen eindeutig betont.
3. Die Faustregeln von „Wo war Alex?" sind auch hier hilfreich.
4. Versuche dir nicht zu viel zu merken.

KV 2 Klasse 7 – Lernkrimi 3 Seite 15–16

Dritte Informantenrunde zu „Zickenkrieg"

1. Alex war in der Zeit, in der er angeblich vor der Badezimmertür gewartet hat, in Celines Zimmer und hat ihr Smartphone genommen.
2. a. vorbeidrängen, auftauchen, mitanhören, zuknallen, aufspielen, rauskommen, aufreißen, schlussmachen, streng fragen, zu ende sprechen, Auto fahren, ranmachen
   b. freigesprochen, ferngesehen, zunichte gemacht, kleiner schneiden, aufgegangen, wettmachen, zu nichts geführt, ausgezogen, kaltgestellt
3. preisgeben, standhalten, einsteigen, zurückhalten, einräumen, Luft holen
4. Eine gute Idee ist es, den Text von einem Klassenkameraden auf Richtigkeit überprüfen zu lassen. Tauscht eure Texte einfach aus.

Kohlhaas · Deutsch-Krimi 7/8 | 978-3-589-16621-3 | Illustration Lupe: shutterstock/Sonya illustration; Hintergrund: shutterstock/Tobias Steinert

KV 2 Klasse 7 – Lernkrimi 4 Seite 19–20

Erste Informantenrunde zu „Wahrheit oder Pflicht“

(1) Versuche es doch mal mit Mathematik.

(2) Ok, ein Lokal ist doch ein Ort. Man lokalisiert zum Beispiel etwas irgendwo. Wenn Lokaladverbien etwas mit einem Ort zu tun haben, dann schaue doch mal nach, welche Wörter irgendwie Orstangaben sind. Vielleicht kannst du auf die Art und Weise auch die anderen zuordnen.

(3) *Hier draußen* ist es *abends stets* kalt, was ich *irgendwie lieber* mag, *darum* bin ich *nämlich draußen*.

(4) Der Tipp aus „Wahrheit oder Pflicht?“ kann hier hilfreich sein.

(5) Äh, ein Adverb steigern? Viel, vieler und am vielsten? Nee, oder...das muss anders gehen. Irgendwie mit anderen Wörtern.

KV 2 Klasse 7 – Lernkrimi 4 Seite 19–20

Zweite Informantenrunde zu „Wahrheit oder Pflicht?“

(1) Dividieren kann funktionieren!

(2) Lokaladverbien – Ort; Temporaladverbien – Zeit; Modaladverbien – Art und Weise; Kausaladverbien – Grund

(3) *Hier sind deine Lösungen individuell richtig oder falsch. Vielleicht tauschst du sie mit einem Klassenkameraden/einer Klassenkameradin aus?*

(4) Schau mal in die zweite Informantenrunde von „Wahrheit oder Pflicht?“.

(5) Es kann sein, dass das Beispielwort schon eine der Steigerungsformen ist! Zudem ist die Reihenfolge auch nicht immer erst Grundstufe, dann Steigerungsstufe und am Ende Höchststufe.

Kohlhaas · Deutsch-Krimi 7/8 | 978-3-589-16621-3 | Illustration Fingerabdruck und Lupe: shutterstock/Sonya illustration; Hintergrund: shutterstock/Tobias Steinert

KV 2 Klasse 7 – Lernkrimi 4

Seite 19–20

Dritte Informantenrunde zu „Wahrheit oder Pflicht?“

1. Nur eine der Zahlen ist nicht durch 3 teilbar. Na, welche ist es?

2.

Lokaladverbien	Temporaladverbien	Modaladverbien	Kausaladverbien
hier	später	schneller	darum
unten	wieder	kaum	also
da	abends	ungefähr	nämlich
draußen	plötzlich	lieber	daher
innen	jetzt	irgendwie	also
überall	stets	gern	deshalb

3. *Hier sind deine Lösungen individuell richtig oder falsch. Vielleicht tauschst du sie mit einem Klassenkameraden/einer Klassenkameradin aus?*

4. a. Temporaladverb
b. Temporaladverb
c. Modaladverb
d. Kausaladverb
e. Lokaladverb

5. **Die Regeln**

a. viel, am meisten, mehr
b. am liebsten, gern, lieber
c. am schnellsten, schneller, schnell

KV 2 Klasse 7 – Lernkrimi 5

Seite 22

Erste Informantenrunde zu „Die Gegenüberstellung“

1. Einige der Aussagen widersprechen sich schon selbst.

2. Das Subjekt ist doch der Satzgegenstand. Da gibt es doch eine Frage, wie man es bestimmt, oder nicht?

3. Satzglieder kann man erfragen. Welche Fragen braucht man für ein Genitivobjekt, ein Dativobjekt und ein Akkusativobjekt noch einmal?

KV 2 Klasse 7 – Lernkrimi 5

Seite 22

Zweite Informantenrunde zu „Die Gegenüberstellung“

1. Sieh dir mal Satz a an und vergleiche ihn mit der Aussage b. Eine Aussage von beiden kann nicht stimmen.

2. Die Frage nach dem Subjekt lautet „Wer oder Was …?“ und nach dem Akkusativobjekt „Wen oder was?“.

3. Die Frage nach einem Genitivobjekt lautet „Wessen …?“, nach einem ein Dativobjekt „Wem …?“ und nach einem Akkusativobjekt „Wen oder was …?“.

Kohlhaas · Deutsch-Krimi 7/8 | 978-3-589-16621-3 | Illustration Lupe: shutterstock/Sonya illustration; Hintergrund: shutterstock/Tobias Steinert

KV 2

Klasse 7 – Lernkrimi 5

Seite 22

Dritte Informantenrunde zu „Die Gegenüberstellung“

1. Durchzustreichen sind: b und e

2. a. Der Täter kann Ture bei der Polizei nicht erkennen.
   b. Ture fragt die Polizei nach näheren Informationen.

3. Ich sehe *die rote Fußgängerampel* (AO). Ein Motorradfahrer fährt vorbei. Während des Wartens überlege ich, was ich später essen könnte. Hinter mir vernehme ich *ein Geräusch (AO).* Ein Typ kommt *meiner Person* (DO) verdächtig nahe. Der Mann stürzt sich ohne Vorwarnung auf mich. Er schlägt einfach auf *mich* (AO) ein. Auf seinem Kopf trägt er *eine Ski-Maske (AO).* Ich kann *ihm* (DO) *seine Maske* (AO) entreißen. Mein Blick fällt auf den markanten Schnurrbart und die dunklen Augen *eines wütenden Gesichtes* (GO). Danach bin ich in einem sterilen Zimmer *eines Krankenhauses* (GO) aufgewacht.

KV 2 Klasse 8 – Lernkrimi 1 — Seite 25–26

Erste Informantenrunde zu „Geisterjagd“

1. Hier ist deine Kreativität gefragt. Schreibe nicht einfach drauf los, überlege dir vielleicht vorher, was geschehen soll, damit deine Geschichte Sinn ergibt.
2. Die Informantenrunden aus der Geschichte „Zickenkrieg“ könnten dir hier ebenso helfen.
3. Auch hier sind die Informantenrunden aus „Zickenkrieg“ hilfreich. Aber versuche es wirklich selbst, indem du noch einmal überlegst, wie du in der Aufgabe zuvor entschieden hast.

KV 2 Klasse 8 – Lernkrimi 1 — Seite 25–26

Zweite Informantenrunde zu „Geisterjagd“

1. Ein guter Tipp: Lies dir deine Geschichte am Ende laut vor (natürlich ohne jemanden zu stören). So erhältst du ein gutes Gefühl für die Wirkung.
2. Die Informantenrunden aus der Geschichte „Zickenkrieg“ könnten dir hier immer noch helfen.
3. Auch hier sind noch immer die Informantenrunden aus „Zickenkrieg“ hilfreich.

KV 2 Klasse 8 – Lernkrimi 1 — Seite 25–26

Dritte Informantenrunde zu „Geisterjagd“

1. Tauscht eure Enden untereinander aus und kürt die beste Geschichte.
2. *Man schreibt zusammen …*

   a. Wenn eine neue Gesamtbedeutung der beiden Wörter entsteht. (z. B. aufhorchen, vorwärtskommen)
   b. Wenn die Wortart oder die Bedeutung der einzelnen Teile nicht mehr erkennbar ist.
   c. Wenn der erste Bestandteil den zweiten Bestandteil näher beschreibt. (z. B. nasskalt)
   d. Wenn man die Wortteile zusammen nicht steigern kann. (z. B. nasskalt)
   e. Wenn man das den ersten Wortteil beim laut Lesen eindeutig betont. (z. B. aufhorchen)

   Demnach wird *laufen lernen* getrenntgeschrieben.
3. a. feuchtwarm
   b. Haus kaufen
   c. nass wischen
   d. Haustür

Kohlhaas · Deutsch-Krimi 7/8 | 978-3-589-16621-3 | Illustration Lupe: shutterstock/Sonya illustration; Hintergrund: shutterstock/Tobias Steinert

KV 2 Klasse 8 – Lernkrimi 2 Seite 29–30

Erste Informantenrunde zu „Level 13"

1. Die Wörter haben nichts gemeinsam? Auf dem ersten Blick nicht, aber wenn man sie sich nicht auf dem herkömmlichen Weg anschaut, dann wird es einem klar.
2. Indirekte Rede bedeutet, dass man den Inhalt von Gesagtem sinngemäß wiedergibt. Sie taucht oft in Nachrichten oder in der Zeitung auf. Man leitet sie durch eine Wendung wie z. B. „Sie sagt(e)" ein.
3. Wichtig ist hier das Umformen der Personalpronomen, z. B. im ersten Satz der Wörter „ich" und „mein".
4. Verschiedene Formen von „sein" und „haben" sind hier erforderlich. Da sich die beiden über etwas unterhalten, was nicht geschehen ist, sind dies nur Gedankenspiele.
5. Gedankenspiele sind Wünschen sehr ähnlich. Ob sie wahr werden, weiß man nicht und von daher sind sie von generellen Aussagen zu unterschieden, was sich auch wieder auf die Form der Wörter „sein" und „haben" auswirkt.
6. In den Aufgaben zuvor hast du schon, ohne es vielleicht zu wissen, zwischen Konjunktiv I und II unterschieden. Hier geht es nun um die Bestimmung. Versuche dich an den vorherigen Aufgaben zu orientieren.

KV 2 Klasse 8 – Lernkrimi 2 Seite 29–30

Zweite Informantenrunde zu „Level 13"

1. Hast du das Wort Palindrom schon einmal gehört? Es kommt aus dem griechischen und bedeutet „rückwärtslaufend". Hilft dir das?
2. Um direkte Rede in indirekte Rede umzuwandeln, muss man einige Dinge beachten:
   - Das Personalpronomen ändert sich (z. B. „ich" zu „er").
   - Das Verb wird umgeformt in den Konjunktiv I (außer es ist dann dieselbe Form wie vorher) (z. B. „hat" zu „habe").
   - Wenn gegeben, muss auch die Ort- oder Zeitangabe geändert werden.
3. Der vorherige Tipp kann hilfreich sein.
4. Level 13 ist eine virtuelle Welt. Genauso ist es mit dem Konjunktiv II. Mithilfe dessen werden Phantasien, Vorstellungen oder Wünsche ausgedrückt. Der Konjunktiv II lässt sich bilden, indem man das Hilfswerb „würde" benutzt oder den Konjunktiv II aus dem Verb bildet. Wie man diese bildet? Ganz einfach: Man nutzt die Präteritumform des Verbs und lautiert den Vokal darin um. Beispiel: „finden" → „fanden" (Präteritum) → „fänden" (Umlautierung von a zu ä)
5. Der vorherige Tipp kann hilfreich sein.
6. Die vorherigen Tipps sind hierfür hilfreich. Besonders der aus „Marc und Basti sind erleichtert".

Kohlhaas · Deutsch-Krimi 7/8 | 978-3-589-16621-3 | Illustration Lupe: shutterstock/Sonya illustration; Hintergrund: shutterstock/Tobias Steinert

KV 2 Klasse 8 – Lernkrimi 2 Seite 29–30

Dritte Informantenrunde zu „Level 13“

1. Alle Wörter ergeben rückwärtsgelesen einen Sinn. Alle? Nein, eines nicht: Glaube.
2. a. Basti rief, er sei sowas von gespannt, wie es weitergehe!
   b. Die Stimme im Kopfhörer fragte, ob ich bereit sei.
   c. Ich stotterte, was das solle?
3. a. er/sein
   b. er/sich/er
   c. sie/seinen
4. a. hätte
   b. wäre
   c. wäre
   d. hätte
5. a. wäre
   b. hätte
   c. hätten
   d. wäret
   e. hätte
6. a. Konjunktiv II
   b. Konjunktiv I
   c. Konjunktiv II
   d. Konjunktiv I
   e. Konjunktiv II

KV 2 Klasse 8 – Lernkrimi 3 Seite 33–34

Erste Informantenrunde zu „Böser Zwilling“

1. Was zeigt Luisa mit ihren Fingern an? Ist das etwa eine Rechenaufgabe?
2. Irgendwie erinnern mich die Namen der Satzarten an manche Namen von Adverbien. Da war doch was mit Lokal und Ort, oder?
3. Hier geht es darum, die entsprechenden Satzarten in der Geschichte selbst zu suchen. Wenn dir also der Tipp vorher geholfen hat, müsstest du zumindest teilweise etwas finden.
4. Du stellst mir eine Frage, weil du sie nicht beantworten kannst? Hilft dir dieser Satz bereits, um einige der Aussagen zu überprüfen?
5. Der Eimer steht am Ende des Satzes. Versuche es doch mal, indem du mit dem Eimer beginnst.

Kohlhaas · Deutsch-Krimi 7/8 | 978-3-589-16621-3 | Illustration Lupe: shutterstock/Sonya illustration; Hintergrund: shutterstock/Tobias Steinert

KV 2 Klasse 8 – Lernkrimi 3 Seite 33–34

Zweite Informantenrunde zu „Böser Zwilling“

1. Es gibt mehrere Varianten dieses Rätsel zu lösen, aber eine logische beginnt damit, dass man den 3-Liter-Eimer füllt und in den 5-Liter-Eimer umfüllt …
2. Ein Temporalsatz ist ein Nebensatz, der auch Zeitsatz genannt wird, also das Geschehen aus dem Hauptsatz zeitlich einordnet. Der Lokalsatz drückt die Ortsbestimmung aus. Der Finalsatz gibt die Absicht bzw. den Zweck einer Handlung an. Der Kausalsatz beschreibt den Grund näher. Der Konzessivsatz gibt eine Ursache an, die nicht die zu erwartende Folge hat.
3. Der Tipp aus „Leona entwickelt einen Plan“ ist auch an dieser Stelle hilfreich. Suche mit Hilfe der Beschreibung (Neben-)Sätze aus dem Text, die zu ihr passen.
4. Schau dir die Sätze aus „Leona entwickelt einen Plan an“. Wenn du die Nebensätze anschaust, dann findest du auch Hinweise zu dieser Aufgabe.
5. Denke daran, dass Satzglieder zusammenbleiben müssen und nicht getrennt werden dürfen.

KV 2 Klasse 8 – Lernkrimi 3 Seite 33–34

Dritte Informantenrunde zu „Böser Zwilling“

1. Also, nach dem du den 3-Liter-Eimer in den 5-Liter-Eimer geschüttet hast, füllst du den 3-Liter-Eimer erneut und füllst den 5-Liter-Eimer auf, bis dieser voll ist. Im 3-Liter-Eimer befindet sich nun ein Liter Wasser. Jetzt schüttest du den 5-Liter-Eimer aus. Füllst den einen übrig gebliebenen Liter in den 5-Liter-Eimer und füllst den 3-Liter-Eimer wieder voll. Jetzt schüttest du diesen Inhalt zu dem einen Liter in den 5-Liter-Eimer und hast 4 Liter.
2. a. Temporalsatz b. Konzessivsatz c. Finalsatz d. Kausalsatz e. Lokalsatz
3. a. Kausalsatz z. B.: „…, weil Luisa dann aussieht wie deren Mutter, wenn sie sauer auf eine der beiden ist.“
   b. Temporalsatz z. B.; „Sobald sie alleine sind, muss Leona ihren Anweisungen auf Schritt und Tritt folgen.“
   c. Lokalsatz z. B.: „Dabei fällt ihr Blick auf das Tablet, auf dem sie sieht, wie Luisa …
   d. Konditionalsatz z. B.: „Du bestehst den Test, wenn es dir gelingt, den größeren Behälter mit genau vier Litern Wasser zu befüllen.“
   e. Finalsatz z. B.: „Wir führen diese Tests aus, damit unser Auftraggeber herausfinden kann, wie sehr Geschwister einander brauchen.“
   f. Modalsatz z. B.: „Sie greift danach und entsperrt es, indem sie den Bildschirm berührt.“
4. a. falsch b. falsch c. richtig d. richtig e. falsch
5. Umstellung 1: Den großen Eimer nimmt Leona.

   Umstellung 2: Nimmt Leona den großen Eimer?

   Die Aussage der Umstellung 2 ändert sich dahingehend, dass daraus eine Frage wird.

Kohlhaas · Deutsch-Krimi 7/8 | 978-3-589-16621-3 | Illustration Lupe: shutterstock/Sonya illustration; Hintergrund: shutterstock/Tobias Steinert

KV 2 Klasse 8 – Lernkrimi 4 Seite 37–38

Erste Informantenrunde zu „Ein Kinderspiel“

(1) Puh, schwierig, dir hier einen Tipp zu geben. Ich sage mal, es sind zwischen 0 und 100 Fehler im Text.

(2) Du musst nicht den ganzen Satz aufschreiben, es reicht das fehlerhafte Wort und die richtige Schreibweise dahinter.

(3) Wichtig ist, dass du dir die Regeln genau durchliest. Solltest du eine der Regel nicht verstehen, versuche die nächste Regel. Stellenweise können dir Hinweise aus „Zickenkrieg“ helfen.

(4) Was ein Hauptsatz ist, dürfest du noch wissen. Vielleicht versuchst du in einem ersten Schritt in jedem der drei Sätze erst einmal den Hauptsatz zu bestimmen.

KV 2 Klasse 8 – Lernkrimi 4 Seite 37–38

Zweite Informantenrunde zu „Ein Kinderspiel“

(1) Ich grenze weiter ein. Es sind mehr als 20 Fehler, aber weniger als 50.

(2) Im ersten Satz erkenne ich ja schon zwei Fehler. Beginn damit …

(3) Moment, ich muss an Äpfel, Birnen und Zitronen denken. Schöne, gelbe Zitronen. Ich kaufe nämlich nur Zitronen, die biologisch angebaut sind, für mein Mittagessen ein. Zitronen sind gesund, Äpfel und Birnen sind es natürlich auch. Zitronen sind deshalb so gesund, weil sie viel Vitamin C enthalten. Ich presse sie auch manchmal aus, um den Zitronensaft zu nutzen. Entschuldigung? Was war die Frage? Ich habe dir schon geholfen, ok?

(4) Ein Hauptsatz ist ein selbstständiger Satz, der alleine stehen kann und inhaltlich Sinn ergibt. Ein Gliedsatz ist nur ein anderes Wort für Nebensatz. Ein Relativsatz gibt zusätzliche Informationen, ohne einen neuen Satz beginnen zu müssen. Sie beziehen sich auf das Nomen oder Pronomen.

KV 2 Klasse 8 – Lernkrimi 4 Seite 37–38

Dritte Informantenrunde zu „Ein Kinderspiel“

(1) 35 Fehler befinden sich im Text

(2) Die richtigen Schreibweisen sind: Finger, Klingelknopf, später, nähern, Sie, Gegenüber, Wohnbereich, großen, Kochinsel, zurückkommt, Hunger, Zimmer, schüchtern, plötzlich, Probleme, Abschied, zufliegen, Abend, aufstößt, Umrisse, Türgriff, aufschwingen, Flures, Lichtschalter, drückt, Licht, Nachricht, Lippen, vorsichtig, atmet, außen, Geräusch, beschleunigt, leise, stotternd

(3) Gehe zurück zur zweiten Informantenrunde zu „Regeln“. Der ganze Text ist nacheinander auch als Lösung zu gebrauchen. Schreibe ihn aber nicht einfach ab. Überlege dir eigene Beispiele.

(4) a. GS/RS/GS/HS
b. HS/GS/HS/GS
c. GS/HS/RS

Kohlhaas · Deutsch-Krimi 7/8 | 978-3-589-16621-3 | Illustration Lupe: shutterstock/Sonya illustration; Hintergrund: shutterstock/Tobias Steinert

KV 2 Klasse 8 – Lernkrimi 5 — Seite 40

Erste Informantenrunde zu „Das Interview“

1. Ein Zeitungsbericht hat den Zweck, über ein Ereignis zu berichten. Überlege, wie der Text aufgebaut sein sollte, in welcher Zeitform er geschrieben sein sollte und wie die Sprache gestaltet sein sollte.
2. Hier gibt es nur eine individuelle Lösung. Trotzdem kann man sehr leicht prüfen, ob die Kriterien eines Berichts erfüllt wurden. Das kannst du in einem ersten Schritt selbst tun, indem du dir deinen Bericht noch einmal durchliest und Fehler ausmerzt.

KV 2 Klasse 8 – Lernkrimi 5 — Seite 40

Zweite Informantenrunde zu „Das Interview“

1. Wichtig sind doch immer die W-Fragen, oder? Die solltest du beantworten. Aber da gab es noch mehr.
2. Hier gibt es nur eine individuelle Lösung. Prüfe in einem zweiten Schritt, ob du alle W-Fragen beantwortet hast.

KV 2 Klasse 8 – Lernkrimi 5 — Seite 40

Dritte Informantenrunde zu „Das Interview“

1. Die Einleitung sollte die Fragen „Wann fand etwas statt?“, „Wo geschah es?“, „Was geschah?“ und „Wer war daran beteiligt?“ beantworten. Im Hauptteil beantwortet man die Frage „Wie passierte es im Einzelnen?“ (so genau wie möglich in zeitlicher Reihenfolge und ggf. Ursachen und Gründe nennen) und „Warum geschah es?“. Im Schluss geht man auf die Frage ein, „Welche Folgen/Ergebnisse hat der Vorfall?“. Zeitform ist das Präteritum (Vergangenheit) und die Sprache ist sachlich, auf das Wichtigste beschränkt. Wichtig ist, dass der Text keine Vermutungen und Gefühle enthält, dass wörtliche Rede indirekt wiedergegeben wird und er abwechslungsreich gestaltet ist.
2. Tauscht eure Berichte untereinander aus und prüft sie mithilfe der o.a. Kriterien auf Richtigkeit.

Kohlhaas · Deutsch-Krimi 7/8 | 978-3-589-16621-3 | Illustration Lupe: shutterstock/Sonya illustration; Hintergrund: shutterstock/Tobias Steinert

NOTIZEN – NOTIZEN – NOTIZEN – NOTIZEN – NOTIZEN – NOTIZEN – NOTIZEN

Kohlhaas · Deutsch-Krimi 7/8 | 978-3-589-16621-3 | Illustration Lupe: shutterstock/Sonya illustration; Hintergrund: shutterstock/Tobias Steinert

Kohlhaas · Deutsch-Krimi 7/8 | 978-3-589-16621-3 | Illustration Lupe: shutterstock/Sonya illustration; Hintergrund: shutterstock/Tobias Steinert

Kohlhaas · Deutsch-Krimi 7/8 | 978-3-589-16621-3 | Illustration Lupe: shutterstock/Sonya illustration; Hintergrund: shutterstock/Tobias Steinert